こどものやり抜く力と
自己肯定感を一気に高める

Mental Coaching
BOOK

超メンタルコーチングBOOK

メンタルコーチ
飯山晄朗
Jiro Iiyama

KADOKAWA

問題です。

こどもが学校から帰ってきて

「テストで90点取ったよ」

と嬉しそうに話してきました。

そのとき親が

「すごい！　頑張ったね。もう少し頑張れば100点だね」

と返したとしましょう。

これはNGなんです。

どこが改善点なのか、わかりますか？

答え

「もう少し頑張れば」

という部分です。

これは親が、

正解した90点ではなく、足りない10点に意識を向けているのです。

つまり**「ダメ出し」**をしたことになります。

小学校低学年頃までは、何をしても「がんばった」「よくできた」「すごいね」とほめてきたのに、小学校高学年あたりから急に100点主義、つまり完璧主義が顔を覗かせます。

極論を言えば、100点だけが良くて、それ以外はすべて「できていない」ことになるのです。

そこに加えて人と比較をされたら、こどもにとってはたまったものではないでしょう。

これはテストに限った話ではありません。

日常生活の中でも、こどもたちはダメな部分にばかりに目を向けさせられます。

「早くしなさい」

「ちゃんと片付けなさい」

「きちんと準備しなさい」

「宿題しなさい」

「練習しなさい」

という言葉かけ。

そして、いつも怒った顔をして、イライラした態度で接してしまう。

このような「誤った言動」が繰り返されて、こどもたちの潜在意識に「できない」「無理」「どうせ」が強く記憶されてしまうのです。

そうすると、他の人と比べてうまくできないから「スポーツは嫌い」と言ってみたり、なかなか公式が覚えられないからといって「数学は苦手だ」と言い出したり。

こどもがそうした言葉を使うと、さらにこどもの自己評価は低くなっていきます。

また、良い成績を取ったら取ったで「もっと上を目指そう」と志望校を上げるように促され、スポーツで良い結果が出たら「もうちょっと頑張りなさい」と言われます。

上には上がいますから、これでは先が見えない。

他人と比較し続けると終わりがありません。

「ずっと頑張り続けなければいけないのか…」

と思うと、どこかでプツンと糸が切れてしまうことがあります。

私たち親は、無意識にこどもに対してこのように接してしまっている可能性があります。

私はメンタルコーチとして、1万人以上のこどもと接してきました。
そして同時に、多くの親御さんとも対話してきました。

今でも、このようなご相談が毎日のように入ってきます。

「小学生の時は何事も楽しんでやっていたのに中学に行ってからやる気が感じられなくなっていて…」
「勉強にも部活にも身が入っていない様子で、毎日テレビとゲームばっかりしているんです」
「どうせ自分なんか…と言って、物事に挑戦しようとしないんです」
「学校に行かず、引きこもってしまいました」

そのたびに、「どうしてそうなってしまったのか」という思いがこみ上げてきます。自己肯定感の低い子や、行動する意欲が不足した子が増えてしまっています。これを裏付けるような調査結果もあります。

私は、自分自身に満足している

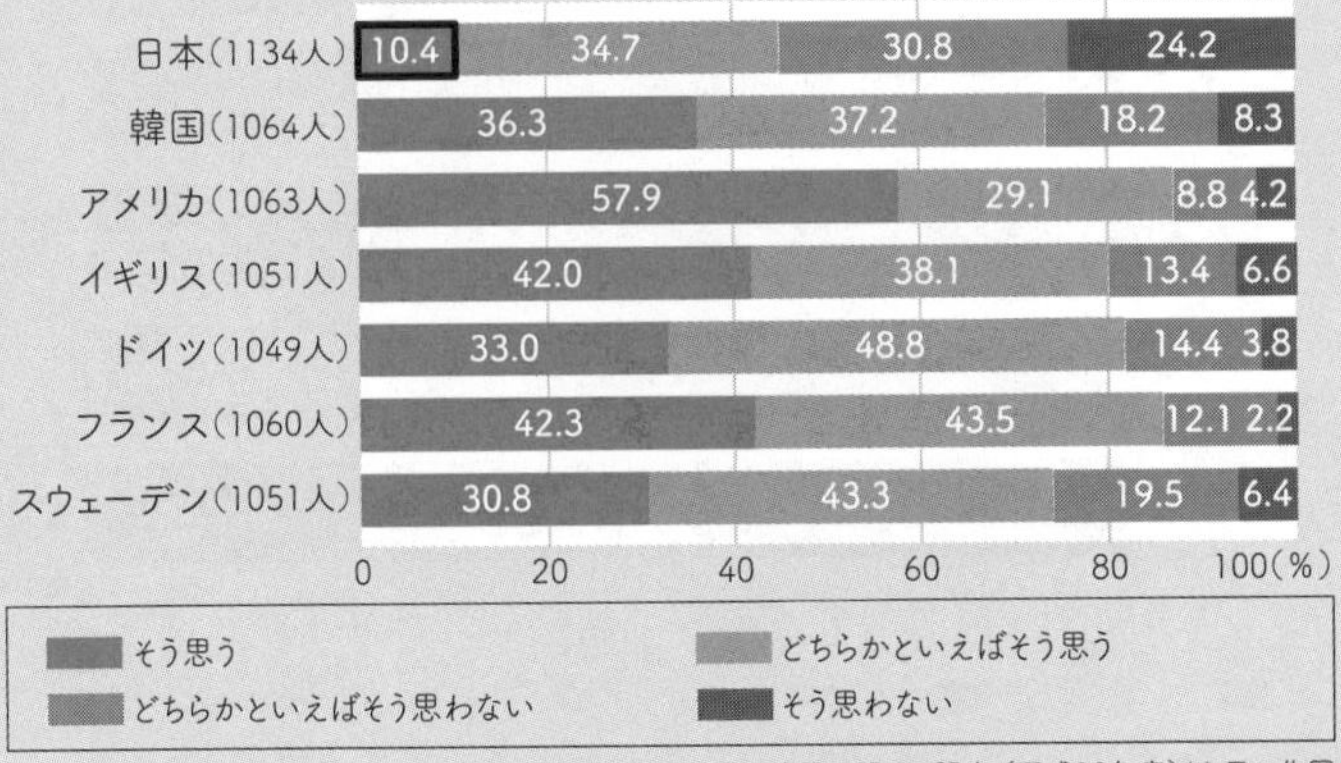

「我が国と諸外国の若者の意識に関する調査（平成30年度）」を元に作図

「我が国と諸外国の若者の意識に関する調査（平成30年度）」です。これは13歳から29歳までの男女を対象に、日本、韓国、アメリカ、イギリス、ドイツ、フランス、スウェーデンの7カ国でアンケート調査を実施したものです。

その中でも「私は、自分自身に満足している」という項目に注目しました。

結果はなんと**「そう思う」**が日本は**10・4％と7カ国中断トツに低いのです。**「どちらかといえばそう思う」を含めても45・1％と半数にも満たないのです。他国はといえば、日本以外の6カ国はすべて70％～80％超えです。

違う観点からの調査結果もあります。

自分はダメな人間だと思うことがある

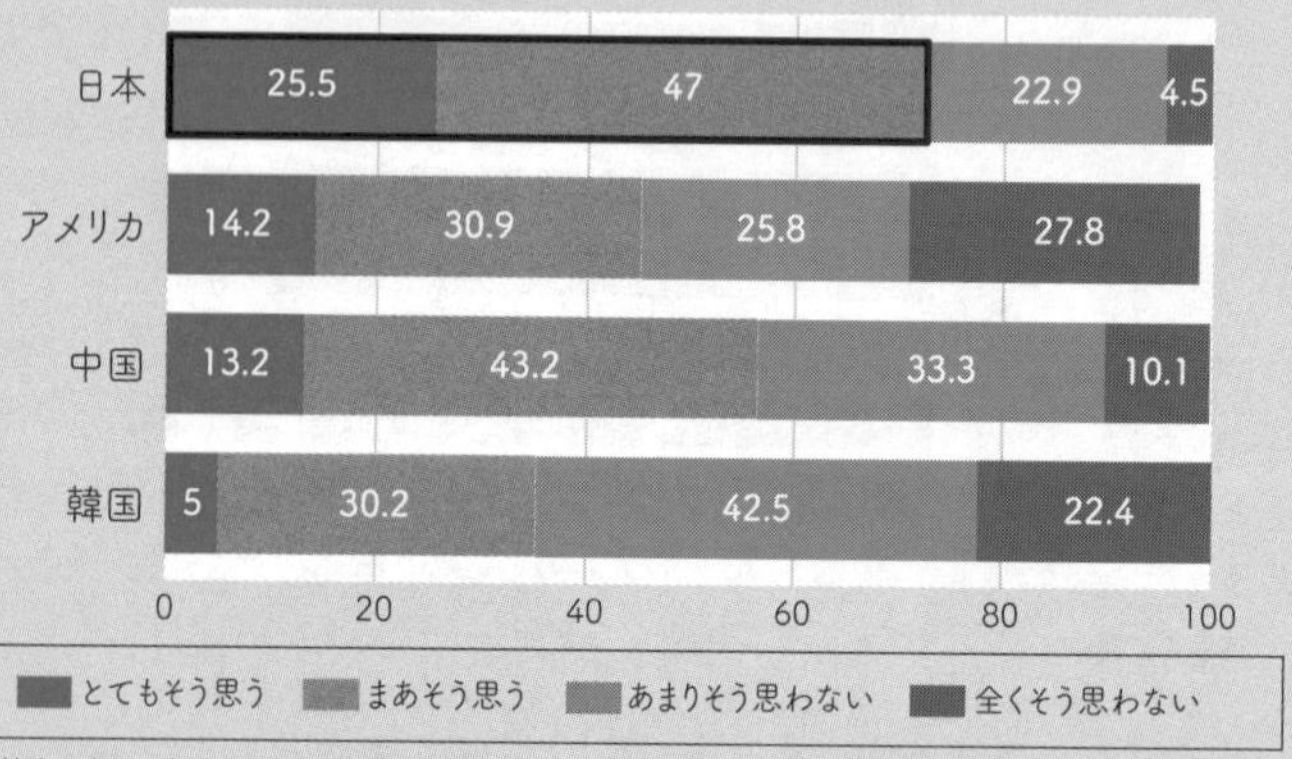

日本
25.5
47
22.9
4.5
アメリカ
14.2
30.9
25.8
27.8
中国
13.2
43.2
33.3
10.1
韓国
5
30.2
42.5
22.4
0
20
40
60
80
100
とてもそう思う
まあそう思う
あまりそう思わない
全くそう思わない

「高校生の生活と意識に関する調査報告書(独立行政法人国立青少年教育振興機構:平成27年度)」を元に作図

「高校生の生活と意識に関する調査報告書(独立行政法人国立青少年教育振興機構:平成27年度)」では、「自分はダメな人間だと思うことがあるか」という項目があります。

何とも直接的な質問ですが、これに**「とてもそう思う」「まあそう思う」と答えたのは72・5%もいたのです。**

他国では、アメリカ:45・1%、中国:56・4%、韓国:35・2%という結果でした。

どうして日本のこどもたちは、自分のことを肯定的に感じることができなくなってしまったのでしょうか。

自己肯定感とは、自分を肯定して認めている感情のことです。能力やできるかどうかに関係なく、短所を含めたありのままの自分を受け入れて認められる感情を指します。

自己肯定感の高い人は、自分に自信を持っている場合が多く、自分は必要とされている存在であると感じたり、自分を好きだと思えたりする人が多い傾向があります。

自己肯定感が高いと、自分の人生における可能性を信じ、目標に向けた取り組みなど、様々な物事に対して積極的にチャレンジするようになります。

また人間関係を築く上でも、自分を信じ、相手を信じることができるので良い関係性をつくれます。

総じて人生においてより幸福感を感じやすいと言えるでしょう。

親の振る舞いが子の自己肯定感を決める

この自己肯定感は成長の過程で育つと言われています。

つまり、**こどもの頃に親から受けた影響が大きい**ということです。

自分のことを肯定的に感じることができなくなっているのは、こどもの頃に親から受けた言動によるものだと言っても過言ではありません。

ちなみに、冒頭の「テストで90点取った」という問題にどう答えればいいのか、私だったらこう返答すると思います。

それは、

「すごい！　勉強頑張ったもんね」

という言葉です。

つまり、

点数の結果に対してではなく、

やってきたこと、できていることに目を向けさせるのです。

こうして「できない思考」から「できる思考」に導いていきたいですね。

私にも今は社会人になり、結婚もしている息子や娘がいますが、中学、高校と多感な時期を一緒に乗り越えてきました。

こどもたちは成長の過程にいます。

そんなこどもを持つ親も、親としての成長の過程にいるのです。

だからこそ、こどもへの関わり方を学び、実践していくことが重要だと思います。

親として成長していく姿を、こどもにも見せていきたいですね。

ありがたいことに、私のメンタルコーチング講座を受講いただいた方、サポートを受けていただいた方から、

「おかげさまでこどもの勉強への向き合い方が激変し、今までにないくらい前向きになりました」

「試合で良い結果が出たと思います。何より途中から練習をやっていて楽しかったようです」

「節々に、成長を感じる言葉が聞けたり、試合で思うような結果が出ないときも、前を向くようになったと感じています」

など嬉しい報告もいただいています。

これは、脳の仕組みや使い方を知り、それに基づいた接し方を学び、実践された結果です。

本書では、1万人超のこどもにメンタルコーチングを実践した経験と、私自身の子育ての経験も踏まえ、読んでいただいた方が実践できるように、具体的かつできるだけ平易な表現で書かせていただきました。

具体的な脳の仕組みやその活かし方につきましては、スーパーブレイントレーニング（SBT）に基づき私がSBTマスターコーチとして実践してきたことを中心にお伝えしております。

子育てに限らず、スポーツ指導や会社での指導にも役立つ内容になっております。

本書が、多くの皆様のお役に立てれば幸いです。

超メンタルコーチングBOOK　目次

Chapter 1

信頼関係

Chapter 2

願望

Chapter 3

自信

Chapter 4

逆境

Chapter 5

やる気

Chapter 6 パートナー

Chapter 1

信頼関係

こどもとの関係を良好にするためには、
することよりも「しないこと」を
決めるのが第一歩。
信頼関係の築き方をご紹介します。

Mentre from 1

「ダメ出し」から入らない

相談しやすい環境をつくるコツ

例えば、部活をやっているこどもが、

「レギュラーなんてなれない」「全然うまくならない」「部活をやめたい」

と弱音を吐いたとしましょう。

それに対して、あなたはどのように答えてあげるでしょうか。

「いや、なにいってんの」「そんなことではダメでしょ」

という親や指導者がいますが、これは典型的な「よくない例」です。

こどもの発言からは確かにマイナスの印象を受けます。

しかしそれを、「ダメなこと」と一方的に捉えて否定しないでください。

誰でも、やる気を失う場面や自信がなくなる瞬間があり、つい弱音を吐いてしまうことがあるものです。やっていくうちに目標を見失っていたのかもしれません。

ただなんとなく調子が上がらなくて軽く発した言葉かもしれません。

相手のやる気が落ちているときに「ダメでしょ」と否定から入ると、「相談しにくい」という印象を与えてしまうのです。

弱音を吐く

↓

否定が入る

↓

相談しにくくなる

部活や勉強を始めたころには熱心だったのに、途中からやる気を感じられなくなるのはよくあることです。

それは大人でも同じことでしょう。入社当初は意気揚々と仕事に就いても、途中からやる気がなくなり、仕事がめんどくさいと思うことがありますね。

そして調子が悪い日が続いたときに上司から叱責を受けると、その後、上司に相談しづらくなりますね。

こどもが弱音を吐いたとき、まずは一旦受け止めてあげましょう。

「そう思っているんだね」「そういうことなのね」

と一旦受け止めてから話を進めるのです。

そして、できればもう一歩踏み込んでみましょう。

「また目標が見つかったら教えてね」「応援しているよ」

とサポートする言葉をかけてあげましょう。

受け止め方として言葉も大事ですが、話しているときの表情や態度も大事です。

こどもは話している内容よりも、親の表情や態度のほうが気になります。

しっかり見ているのです。

「大丈夫」という表情、態度で接してあげて下さい。

こどもの状況を共有して、相談にのりやすい状況をつくってあげてください。

否定から入ることだけは避けたいところです。安心して話せる環境づくりが大事です。

特に家庭はこどもが安心できる場にしてあげて下さい。

こどもが弱音を吐いている時は…

否定から入らない

一旦受け止める

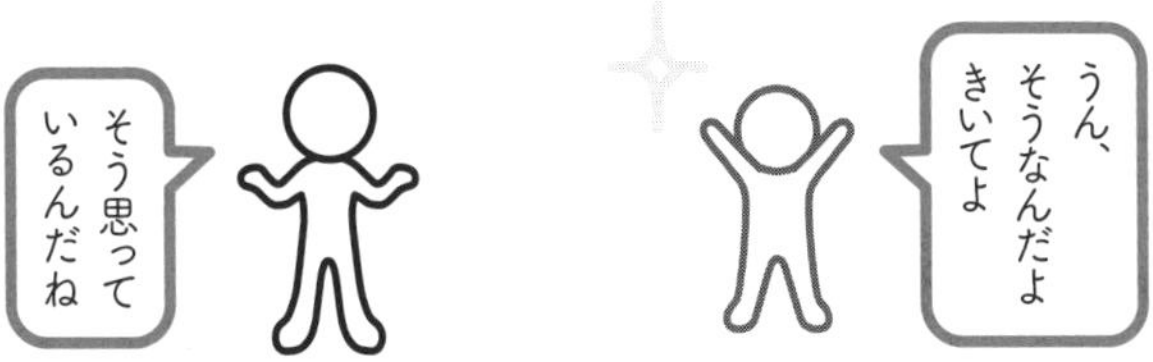

相談しやすい状況にしておくことが大事

Mentre from 1

「過剰な期待」を押し付けない

今のこどもの状態を見て、留める

親や指導者がこどもや選手に期待をかけることは問題ありません。

しかし期待している通りにやらないからと言って、こどもや選手に不満をぶつけるケースがよくあるのです。

かくいう私も自分のこどもに期待を押し付けていた親の一人でした。

息子が小学2年生の時「サッカーチームに入るか、野球チームに入るかどっちにしようか」と相談がありました。

その時の私の答えは決まっていました。

「野球以外はダメ」というものです。

幸い仲の良かった友達も野球チームに入ったので、息子も素直に野球チームに入ったのです。

しかしこどもが、練習をまともにやらない、試合中、試合を全く見ないで友達とグランドに絵を描いて遊んでいる姿を見てがっくり。

「ちゃんと練習をしなきゃダメだろ」「試合を見ないとダメだろ」と叱咤する日が続きました。

周りの選手たちを見て、同じように練習して試合もちゃんと見ていることが私の息子に「期待する姿」でした。

息子の気持ちは二の次で、こどもが自分の期待している姿になっていないと不満ばかり言うようになっていました。

私のみならず、こどもに対して、過剰な期待をしている親は多いものです。

「なんでやらないの」「もっとちゃんとしてよ」

そうして、自分の期待を押し付けてしまっているのです。

こどもは期待に応えられず、できないことが続くと、自己肯定感がますます低くなるという負の連鎖が生まれます。

期待に応えられない
↓
できない
↓
自己肯定感の低下

このようなケースでは自分の期待を押し付けるのではなくて**「今のこどもの状態を認めてあげる」**ことが大事です。

私は「認める」という字を、頭の中で「見留める」と変換しています。

認める ＝ 見て、留める ＝ 見留める

こどもをちゃんと見て、自分の中に留めてあげてほしいのです。

つまり**どんな表情で、どんな態度で話しているのか、いつもと違うところはないかと、気を配っておくことが重要です。**

それを続けるとこどものちょっとした変化にも気がつくはずです。

ありのままの状態を見留めることを意識してみましょう。

期待を押し付けない

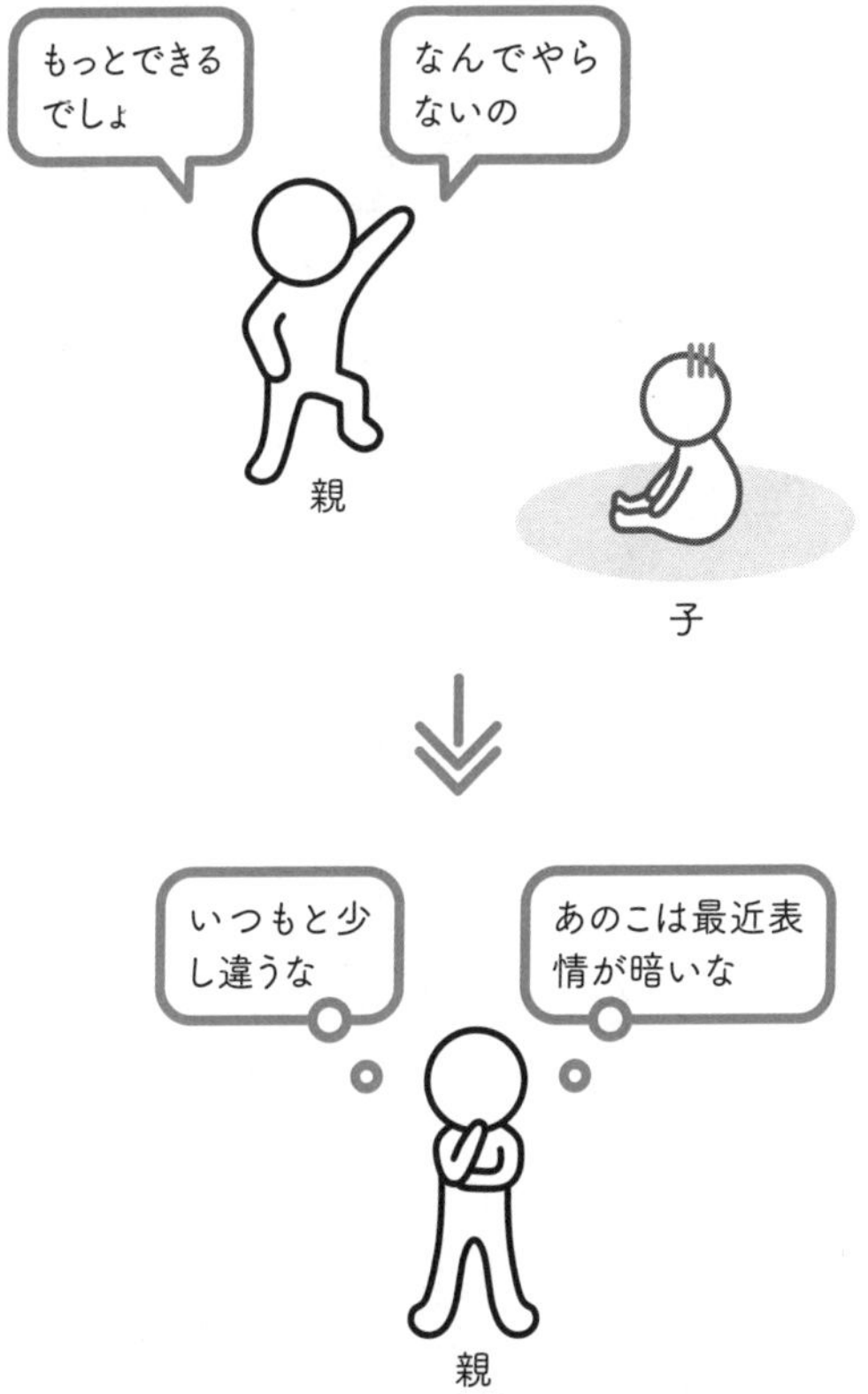

**相手の変化をよく見ておき、
自分の頭の中に感じたことを留めておく習慣を**

Mentre from 1

「責め心」をリセットする

責めるほどこどもは殻に閉じこもる

相手が失敗してしまったときに、「責める」という行為は絶対に避けたいところです。

「なんでできなかったんだ?」「なぜやらないんだ?」

このような言葉かけは、やめてほしいのです。

これを私は**「責め心」**と呼んでいます。

実は「なぜ」という言葉の使い方が肝心です。

目的を尋ねる際の「なぜ」は良いのですが、否定形の言葉と組み合わせると責めるような文章になってしまいます。

理由を尋ねているつもりでも、相手は責められていると感じてしまうため、本当のことを言いづらくなってしまいます。

特にミスをしたときなどは、「なんでできないんだ！」「なんでやらないんだ！」「お前はバカか！」などと強い口調で相手を責めることがあります。

人は責められると、「その場から逃げよう」という心理状態になります。

言われた本人は「ごめんなさい」「次はちゃんとやります」と答えますが、その場しのぎで終わります。

しかも言われた言葉は全くと言っていいほど頭に残っていません。

残っているのは「怒られた」という感情と怒っている人の顔の表情だけです。

そして、その出来事と言っている人の表情、否定的な感情が一緒に脳に記憶されます。これが繰り返し行われることで、記憶が強化され、同じ場面になるとイメージのフラッシュバックが起きて身体がそのイメージの通りに動こうとします。

つまり、本当は「できない」わけでも「バカ」でもないのです。記憶力が良すぎて過去の失敗やミスが忘れられないだけなのです。その結果、同じような場面になると、同じ失敗やミスを繰り返してしまうということにつながるのです。

場合によっては、「自分はダメな人間なんだ」と自分を責めるようになり、自分の殻に閉じこもってしまうこともあります。

責め心 → なんでできないんだ! → ごめんなさい…(萎縮して心をふさぐ)

指導する側の「責め心」は消し去りましょう。

どうしても責め心が顔を出してきたら、あえて笑顔をつくる、背伸びをするなど、動作や表情を使って気持ちを切り替えてみましょう。

前向きな動作をすることで、脳がプラスの状況だと錯覚して、気持ちが落ち着いてくるのです。

もしくは、口には出さず、心の中でつぶやくのもOKです。

ただし、満面の笑顔で。こどもには安心できる環境が重要なのです。

こどもが失敗してしまった時に責めない

「責め心」をなくす

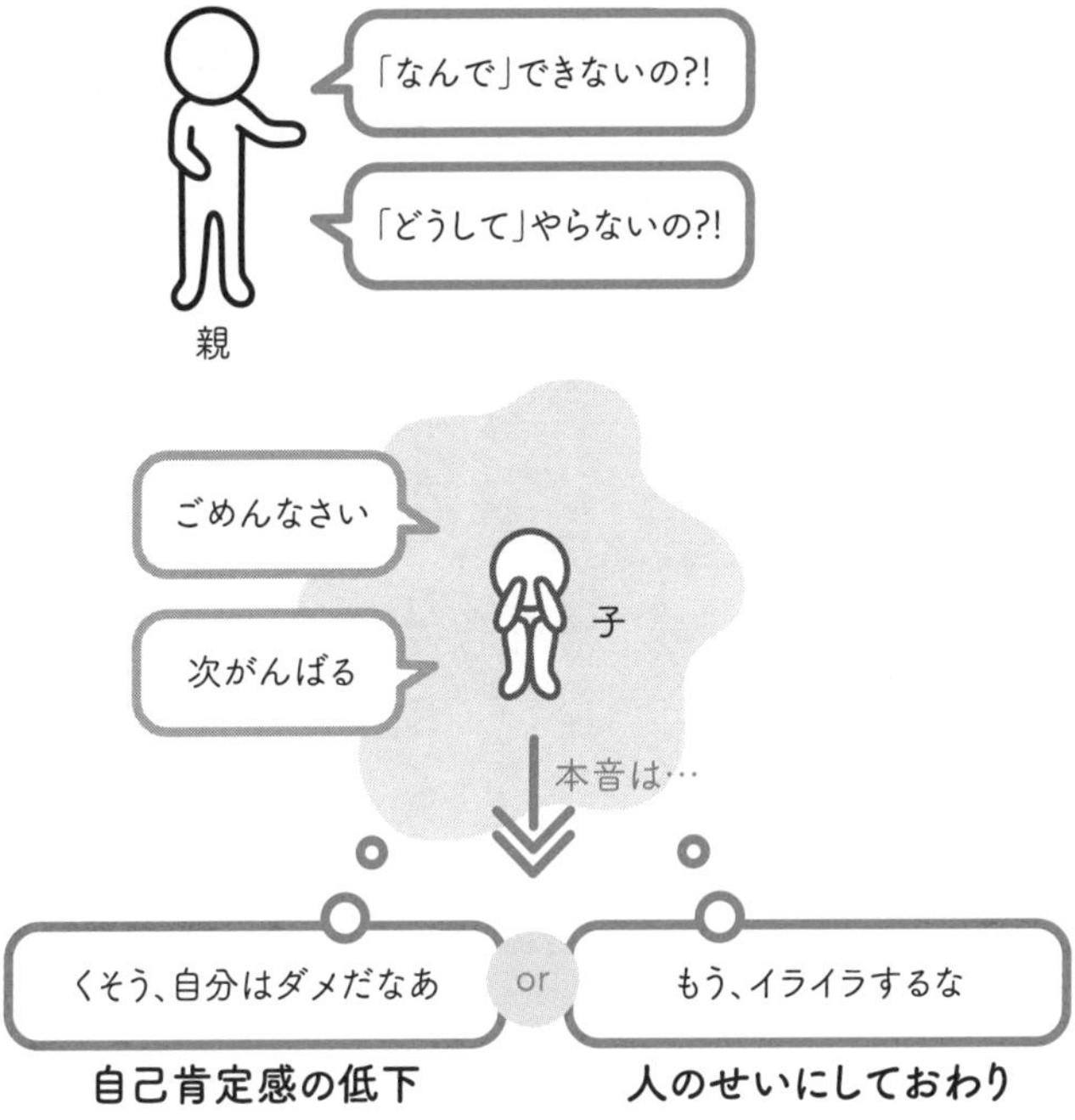

「なんで」できないの?!
「どうして」やらないの?!
親
ごめんなさい
次がんばる
子
本音は…
くそう、自分はダメだなあ
or
もう、イライラするな
自己肯定感の低下
人のせいにしておわり

こどもには「怒られた」という感情と
相手の怒りの表情だけが強く残るため、
「あえて笑顔」「背伸びをする」など動作を前向きにする

Mentre from 1

現状ではなく「可能性」を信じる

信頼関係づくりにかかせないこと

こどもとの信頼関係をつくるためには、相手を信じることが大切です。

相手を信じるから、相手からも信頼されるのです。

と、そう正論を言っても「こどものことを信じられない」というご意見もあるでしょう。

そんなときは、このようにお答えします。

「目の前の、今の状態のその子を信じろというわけではなく、その子の〝可能性〟を信じてあげてほしい」

どんな人間でも、可能性のない人は一人もいないはずです。

今はダメダメで、自信が持てず、やる気が見られないのかもしれません。

しかし、ずっとこのままだとは言い切れませんね。

なぜなら可能性があるからです。

だから「きっとできる」という気持ちで信じてあげてほしいのです。

心理学に「ピグマリオン効果」というものがあります。

簡潔に説明すると、**「人間は期待された通りの成果を出す傾向にある」**ということです。

「この子には無理だ」という期待をかけていると、その子はできない子になります。

「この子はきっと伸びる」と期待を持って接しているとその子は伸びるのです。

結局、どういうふうに思われているかをこどもは演じてくれるのです。

こどもに対する思いは、態度や表情に表れます。

そして親やコーチの表情や態度をこどもは敏感に感じ取り、口に出さなくても伝わってしまうのです。

例えば、テストの点数が悪かったと報告を受けたときに「なんだこの点数は！」

という顔をすると、一瞬でばれます。

テストの点数が悪い、試合で良いプレーができなかったことに対して、あーだこーだと不満を言うのではなくて、「勉強頑張っていたことは知っているよ」「スポーツをやってくれるだけでうれしい。」と伝えてあげる。

そもそも「期待する」ということは「期を待つ」ことです。

〝その時〟を待つ姿勢が求められます。

コーチングがうまくいくかどうかのポイントも、実はここにあります。

選手の指導も、子育ても同じです。親や指導者は、こどもの成長を信じて待つこと。

親や指導者としての器や度量が問われているということですね。

あくまで期待を押し付けるのではなく、可能性を信じて、応援、サポートに徹すること。これが重要なのです。

信じるべきは「可能性」

人間は期待された通りの成果を出す

不満を口に出すのではなく、
信じてサポートする一言や前向きな気持ちが大事

Mentre from 1

行動よりも「人格」をほめる

こどもの自己肯定感を上げる「一歩上のほめ方」

「足が速いね」「かっこいいね」「かわいいね」「上手だね」などとほめられたら、こどもたちは喜びますね。

誰かからほめられれば素直に嬉しいですし、ほめてくれた相手に感謝もして、互いの間に信頼関係を築くきっかけにもなります。そして、ほめられるとモチベーションアップにもつながります。モチベーションが上がれば、それだけ勉強や練習にも弾みがつき「さらにほめられるようにがんばろう！」と行動を前向きにすることが可能です。

ただし、「ほめる」ときの留意点があります。

「ほめる」とは、何らかの行動による良い結果に基づいて良い評価をすることです。

つまり、ほめるためには、良い行動や結果が必要になるわけです。だから、ほめられるために行動する、ほめられなければやる気を失う、といったことが起きることがあります。また、「期待に応えなければ」とプレッシャーを感じてしまうこともあります。

ここで、「ほめる」ことを否定しているわけではありません。

実は、ほめる効果を向上させてこどもの自己肯定感を高めることができる方法があるのです。

例えば、落とし物を交番に届けたこどもに対して、あなたは何と言ってあげるでしょうか。

「素晴らしいことをしたね」「えらいね」

こういった言葉も決して間違いではないでしょう。

たしかにシンプルに行動をほめるのも大事です。

実はそれ以上に効果的な声かけがあります。

それは**「あなたは素晴らしい子だね」**といってあげることです。

行動よりも人格をほめてあげたほうが、その後の行動に大きな変化があったという研究結果があります。

素晴らしい行動だね

↓

◎あなたは素晴らしいね

宿題を早めに終わらせたときも「もう終わったんだ。すごいね」と言うよりも、「あなたならできると思ったよ」と言ってあげるといいかもしれません。

私がサポートしている高校水泳部の選手が、大事なレースでラストスパートをかけて追い上げるも、目標タイムに届かず惜敗してしまったことがあります。

このときにも「最後の追い上げはすごかったな」ではなく、「あそこで勝負を仕掛けた君の勇気が素晴らしい。私も勇気をもらったよ」と伝えました。

その後、彼から「あの時『勇気をもらった』と言ってもらえて、自分のレースで人に勇気を与えることができるんだと自信になりました」と連絡がきました。

「行動」をほめるのではなく「人格」をほめてみる。

その方が相手との信頼関係も深まります。

人格をほめる

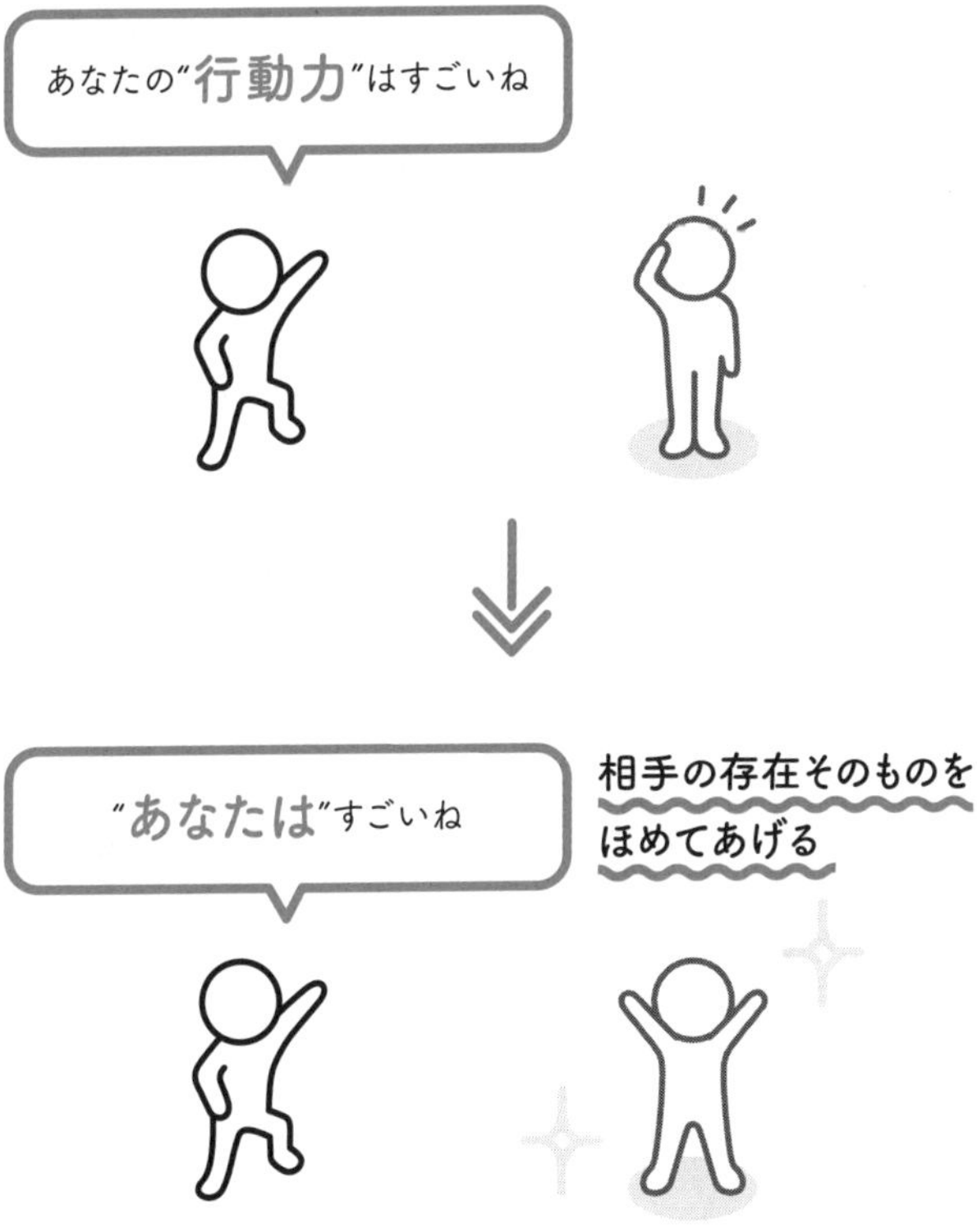
あなたの"行動力"はすごいね
"あなたは"すごいね
相手の存在そのものをほめてあげる

人格をほめると次の良い変化につながる

Mentre from 1

「安心できる雰囲気」の作り方

安心して話ができる環境が最高の環境

信頼関係を結ぶためには「安心して話のできる」間柄であることが必要です。

相手に対する警戒心を解くことができると、本音で話せるようになります。親や指導者に安心感を抱けば、こどもは本音で話しやすくなり、より多くの課題や気づきを引き出すことができます。

また、こどもは「失敗しても受け入れてもらえる」という安心感があってはじめて、行動に移すことが容易になります。

そして「行動」そのものがワクワクチャレンジとなり、より大きな成果をあげることができるようになるのです。

そのために、まずは、先入観を捨てて、寄り添うように接してみましょう。
人それぞれこうあるべき、こうするべきという「べき論」になりがちですが、こちらが先入観をもって接すると相手は「本音」で話しづらくなってしまいます。

まずは何でも話せる雰囲気づくりをすることに注力します。

例えば、責め立てるような口調で話すと、安心できる場ではなくなりますね。
腕組みして眉間にしわを寄せている時点で、すでに話す気もなくなってしまいます。

また、話をしているのにスマホを触っていたり、違うところを見ていたりすることがあります。

このような態度や行動をされると、話を聞いてくれているとは感じないですよね。

話を聞く際には、ちゃんと相手を見ること。相手に集中するのです。

そして話している事柄だけではなく、「口にしていない言葉」を感じ取るようにしてみます。

これは態度や表情、しぐさなどを注意深く見ていればわかります。

不安そうにしているのか、楽しそうにしているのか、話の内容だけではわからないところが見えてきます。

また、具体的に言葉で表すこともいいですね。

「安心して話をしていいよ。遠慮しないで何でも話していいからね」とひと言添えるだけでも話しやすくなります。

他にも、相手が不安そうだなと感じたら**「大丈夫」**と言ってあげる。

いい感じだったら**「オッケー」**と明るく言ってあげる。

シンプルな言葉でいいのです。

自分が何かの役割を引き継ぐときに「あとは任せて」と言う。

安心感をつくり、「本音で話せる」環境を整えましょう。

安心して話せる環境をつくる

NGな態度
腕組み
激しい口調
ながら聞き
OKな態度
遠慮しないで
話をしてね
大丈夫だよ
話を聞く際は
相手を見る
一言ストレートに
伝える
不安そうな時は
「大丈夫」

Mentre from I

相手の心をほぐす3つのテクニック

こどもから話を聞くときの注意点

こどもが話をしているときにも気をつけたいことがあります。安心感を築く具体的な聞き方について、3つのテクニックをご紹介します。

❶ペーシング

「ペーシング」とは、相手にペースを合わせることです。話す速度や、声のトーン、しぐさ、表情等を適度に合わせることにより、話しやすい雰囲気をつくることができます。

相手が早口の場合は、こちらも同じように話す速度を上げて対応する。声のトーンが高い場合は、声のトーンを上げて対応する。笑顔で話している場合は、笑顔で対応する。そうすると、相手は安心感を持ちます。

❷接続詞を使う

相手にたくさん話をしてもらうための方法です。たくさん話をしてもらうことで、お互いの間に安心感をつくれます。

「学校で友達と口げんかしてしまった」

「それで、どうなったの？」

「見ていた友達が止めに入ってくれたんだけど、逆にそっちが言い合いになっちゃって…」

「それから、どうなったの？」

「でも、ちゃんと仲直りしたみたいだよ」

「それは良かったね。他には何かない？」

このように「それで？」「それから？」「他には？」といった接続詞を使って、よりたくさん話を引き出していきます。

❸沈黙する

沈黙するってどういうこと？

と思われるかもしれませんね。

つまりは「あえて話さない」ということです。

こちらが話しているときは、相手の情報は入ってきません。

特に質問した場合、相手は答えを考えますので、その間は沈黙して待ちます。

口を挟んでしまうと、せっかく考えていたことが飛んでしまいます。

「相手に考える時間を与える」と考えればいいでしょう。

なかなか答えが見つからないこともあります。

相手を信じて、笑顔で待ってあげて下さいね。

安心感を築く3つのテクニック

1 ペーシング

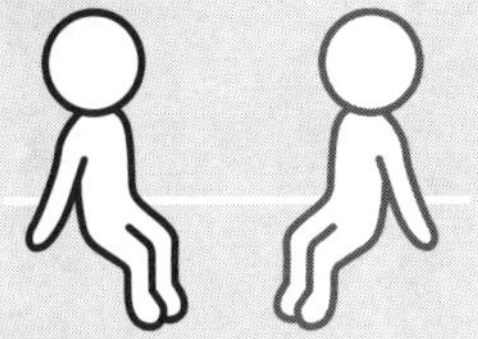

・話す速度
・声のトーン
・しぐさ
・表情
などをあわせる

2 接続詞を使う

「それで」「それから」「他には」といった接続詞を使い話を引き出す

3 沈黙する

相手に考える時間を与えてあげる

Mentre from 1

聞いてもらえる効果的なアドバイス

3つのテクニック

ここまで信頼関係を築くために、どうしたら良いかをお伝えしてきました。

ただ、「アドバイスをしたいときはどうしたらいいの？」と思われるかもしれません。もちろん、ただ認めるだけ、話を聞くだけでは教育になりません。

そこでアドバイスを効果的にする方法をお伝えします。

アドバイスが必要だと感じる場面は、大概相手の言っていること、やっていることを否定したいときだと思います。

なのでどうしても、「違うんじゃない？」と否定から入ってしまうことがありますが、これは絶対に避けたいところです。

否定から入ると、相手の心のコップは下向きになってしまい、その後に何を伝えてもコップの中には入らず、ただ流されているだけ。つまり、その後のアドバイスはほとんど聞き入れられないと思ったほうが良いでしょう。

では、アドバイスする際にはどのようにしたら良いのでしょうか。

ここでは3つのポイントをご紹介します。

❶前振りをする

「いま君の話を聞いていて、一つアドバイスがあるんだけどいいかな」

と前振りをします。前振りをすることで、相手に心の準備ができます。

心のコップが上向きになるのです。

そして、その後にアドバイスをすることで、コップの中に入っていきます。

❷具体的かつ短く端的にする

まず、長い話は覚えられません。

長々と話をする親や指導者がいますが、聞いている方からしたら集中力が切れてしまい、ほとんど退屈なだけです。

「時間を決めて勉強してみよう。例えば◯◯分で1クールに」
「何回やるかを考えてトレーニングしてみよう。具体的には◯◯回ね」

というふうに、アドバイスは具体的かつ短く端的に一言で終えるのが効果的です。

❸Iメッセージを使う

もし主語を相手にして話すとどうなるでしょう。

「あなたはこうしたら良い」「あなたはこんなふうにやるといいよ」

いかがですか？

何か上から目線で評価されている感じがしませんか？

そこで「主語を自分」にして話すのをおすすめします。

「自分はこうしたら良いと思う」「自分だったらこんなふうにやる」

そして最後に確認を入れるともっと良いでしょう。

「自分はこうしたら良いと思うんだけど、どうかな？」

こうしてIメッセージを使い、最後に確認を入れることで、相手に寄り添ったアドバイスになります。

アドバイスの際に伝える技法

1 前振りをする

アドバイスを受け入れやすくする

2 具体的かつ端的に

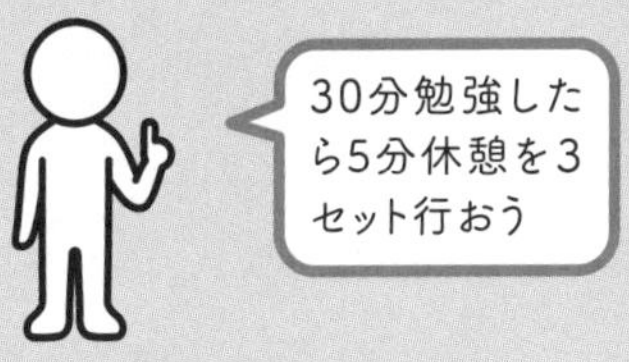

アドバイスは「1文で終える」イメージ

3 Iメッセージを使う

上から目線ではなく、相手に寄り添うアドバイスになる

Mentre from I

やばい怒り方とただしい叱り方

怒ると叱るの違い

「怒る」と「叱る」の違いをまずは知っておきましょう。

怒るというのは感情的になっていること。

衝動的にカッとなって怒りに任せて暴言を吐いてしまうことがあります。だから無意識的にやってしまう行為でもあります。

実は、こどもに対してストレスを感じていたり、いつもこどもの行動にイライラしている状態になっている場合が多いですね。

だから、普段から熱くなっていて、何かのタイミングで沸点に到達して沸騰してしまうのです。

そして何より、怒るという行為は、

「なんでいつもそうなんだよ！」「何度言ったらわかるんだ！」

と、人格否定になりやすい。

そもそも怒るのは、自分の思っているとおりにならないから。つまり、自分のためです。

自分のストレスをこどもにぶつけている、ただそれだけです。

スポーツ指導の場面で面白い光景を見たことがあります。

「楽しむ」ことがチームのテーマになっていると聞いていたのですが、指導者が選手に向かって「楽しめって言っているのに、全然楽しんでないじゃないか！」と激昂しているのです。これでは選手たちは楽しむどころか、落ち込むだけですね。

怒られた子は、ますます萎縮し、自信を失くすだけで、何の成長も期待できません。

それに対して叱るというのは理性的です。

その子をよりよくしていこう、成長できるようにしようと、意識的に行われる

行為です。

そこで叱る際のポイントをお伝えします。

それは**行動を叱る**ということです。

「こういう行為は良くない」

「こんなことを言ったら相手はどんなふうに思うかな」

などと、やったことを客観的に受けとめさせて、改善につなげます。

絶対に人格に対して叱るのはやめましょう。

「あなたはダメな子だ」と全否定するような叱り方をすると深く傷ついてしまいます。

叱るというのは、追い込んだり、傷つけたり、自信を失わせるために行うのではなく、相手を成長させるために行うのです。

上手に叱って、成長につなげていきましょう。

人格ではなく行動を叱る

相手の人格を否定せずに
行動を注意するようにする

Mentre from 1

タイプ別の信頼関係の築き方

効果的な対応の仕方を知っておく

信頼関係の築き方はこどものタイプによっても変わってきます。

メンタルコーチングを行う際には、こどもの性格や行動をもとに大きく4つのタイプにわけています。

それぞれ効果的な対応も違いますので、1つずつご紹介していきます。

①行動が早くて感情的な子　＝　ラッシャータイプ
②行動が早くて理性的な子　＝　パートナータイプ
③行動がゆっくりで感情的な子　＝　ハーモニータイプ
④行動がゆっくりで理性的な子　＝　クレバータイプ

❶目標に向かって 猛進する情熱的なタイプ【ラッシャー】

行動が早くて感情的な子が多いのが特徴です。

このタイプは「尊敬できる部分を持っている人」を信頼します。基本的には自分が一番だと思っていますが、逆に言えば「この人すごいな」と思わせれば、信頼関係はいっそう深まります。

自分ができていないのに、口ばかりの人にはついていきません。まずは、自分が実践する姿を見せてあげる必要があります。

特に、スポーツ指導、教育の現場で、言いっぱなしはダメです。確かな「技術」や「知識」を持っていることが重要でしょう。

向上心が強いので、この人の下なら自分が成長できると感じた人を信頼するので、できる限りその子よりできるところを見せてあげてください。

❷自由奔放で社交的なタイプ【パートナー】

行動が早くて理性的な子が多いのが特徴です。

このタイプに信頼してもらうには、「大事な人」や「喜ばせたい人」と思われることが大事です。

やっている行動を理解してあげることが大事で、表面的なやりとりでは信頼を得られません。

話をするときは、目を見てあげましょう。

話す側が集中していないと、向こうも注意散漫になります。

しっかりと向き合って、具体的なアドバイスや相談に乗ってあげることが重要です。

定期的に話し合いの場を設けるのも効果的です。

パートナータイプはアイデアが豊富なので、自分で解決策を見出しやすいです。一緒に解決すれば、信頼関係もグッと深まるでしょう。

❸穏やかで調和を求めるタイプ【ハーモニー】

行動がゆっくりで感情的な子が多いのが特徴です。

このタイプと信頼関係を築くためには、とやかく言わずに、そっと見守ってくれるかどうかが鍵です。

相手の感情を汲み取る力に長けているので、しっかり自分を見てくれているかということを、感じ取ります。

細かいことで注意したり、叱ったりすることはできる限り避けたほうが無難です。

すぐにやる気を無くしてしまいますから。

そして、一番に気をつけることは約束を破らないことです。約束を破られると一番根に持つタイプなのです。

裏切りを感じるとすぐに信頼関係が損われますので気をつけましょう。

あれこれ言わずに優しく見守ってあげること。

そして交わした約束はしっかりと守ること。

この2点に注意しましょう。

❹石橋を叩いて渡る慎重な知的タイプ【クレバー】

行動がゆっくりで理性的な子が多いのが特徴です。

このタイプは、基本的に信頼を得るまで時間がかかります。人を信用せず、用心深いからです。

行動も慎重で、人の行動を見ながら、それでも石橋を叩きながら渡ります。だから大雑把な人は特に信頼できません。

説明する際は、順を追って丁寧にしていくと良いでしょう。

いつも気にかけてくれていると思わせることが大事で、だんだんと信頼してくれるようになります。

冗談のつもりでも根に持たれるので、軽口は叩かないように気をつけてコミュニケーションを取ってみて下さい。


タイプをそれぞれ知っておくことで、コミュニケーションの一助としてお役立てください。

4タイプの傾向とは

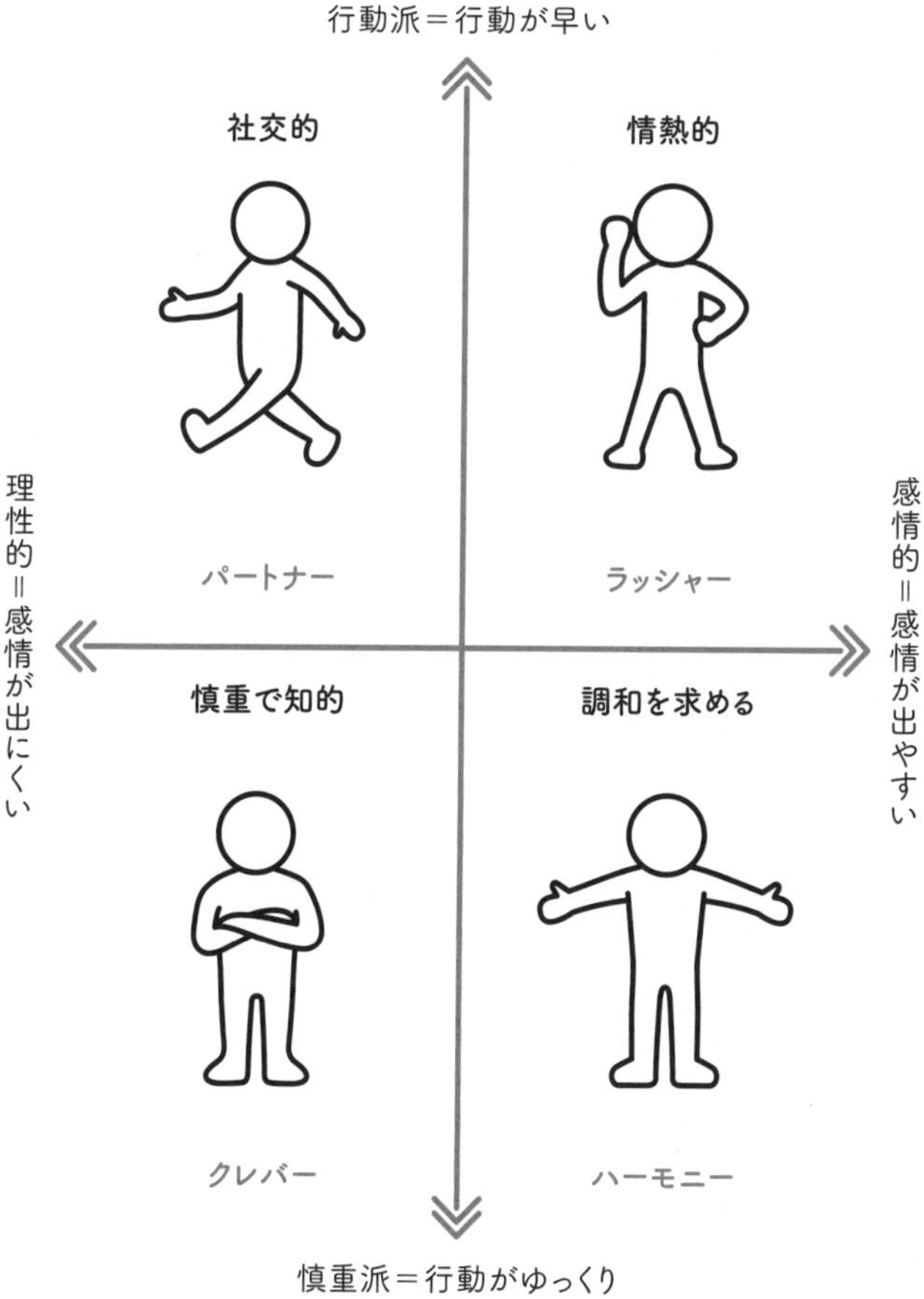
行動派＝行動が早い
社交的
情熱的
理性的＝感情が出にくい
感情的＝感情が出やすい
パートナー
ラッシャー
慎重で知的
調和を求める
クレバー
ハーモニー
慎重派＝行動がゆっくり

Chapter 2

願望

願望がなければ
やる気も生まれません。
すぐあきらめる子になってしまいます。
この章では「願望」「やりたいこと」の
見つけ方をご紹介します。

Mentre from 2

願望があると辛抱できる

そもそも自分が夢を持っているか

親や指導者をコーチングしていると、こどもにきちんとした夢を持ってほしいと思っている方が多くいます。

しかし、こどもに「夢を持ってほしい」と思いながら、自分自身が夢を持っていないというパターンをよくお見かけします。

自分に夢がないのに、こどもに夢を持たせることはできません。

夢を持つということの楽しさやワクワクが伝わってこないからです。

「お父さんとお母さんの夢は何？」

「うーん、とくにないね…」

「な〜んだ、夢はいらないんだね」

というパターンにならないようにしたいですね。

そもそも、なぜ夢が必要なのかというと、**目標だけでは燃え尽きやすい**からです。「都度、目標を立てればいいんじゃないか」と言われるかもしれませんが、1つの目標を達成した場合、また次の目標が見つからないと、そこで燃え尽きてしまいます。

でも夢があると違います。

夢は目標のもっと先にあるものです。

もしかしたらずっと届かないかもしれません。だからこそ良いのです。ずっと追い求めていることがあると脳は燃え尽きにくいのです。

夢や目標に関して、もう一つ大事なことがあります。

それは、**夢や目標が「願望」になっているかどうか**です。

達成したら楽しいだろうな、手に入れたら楽しいだろうな。と、実現したことを思い描いてワクワクしている気持ち、それが「願望」です。

願望は、**「ワクワクする将来のイメージ」**なのです。

願望 ＝ ワクワクする将来のイメージ

なぜ願望があったら良いのかというと、**「願望があるから辛抱できる」**からです。

辛くてもがんばれるわけは、願望があるからです。

こどもに願望をもたせたいと思うのであれば、まずは親自身が願望をもってがんばる姿を見せたいですね。

大きい夢でなくていいんです。

こんな生活をしたい、こういう生き方をしたいという漠然としたものでも構いません。ワクワクできるものであれば大丈夫です。

こどもと一緒に願望について考える時間をつくっていきましょう。

ワクワクする夢を自分も持つ

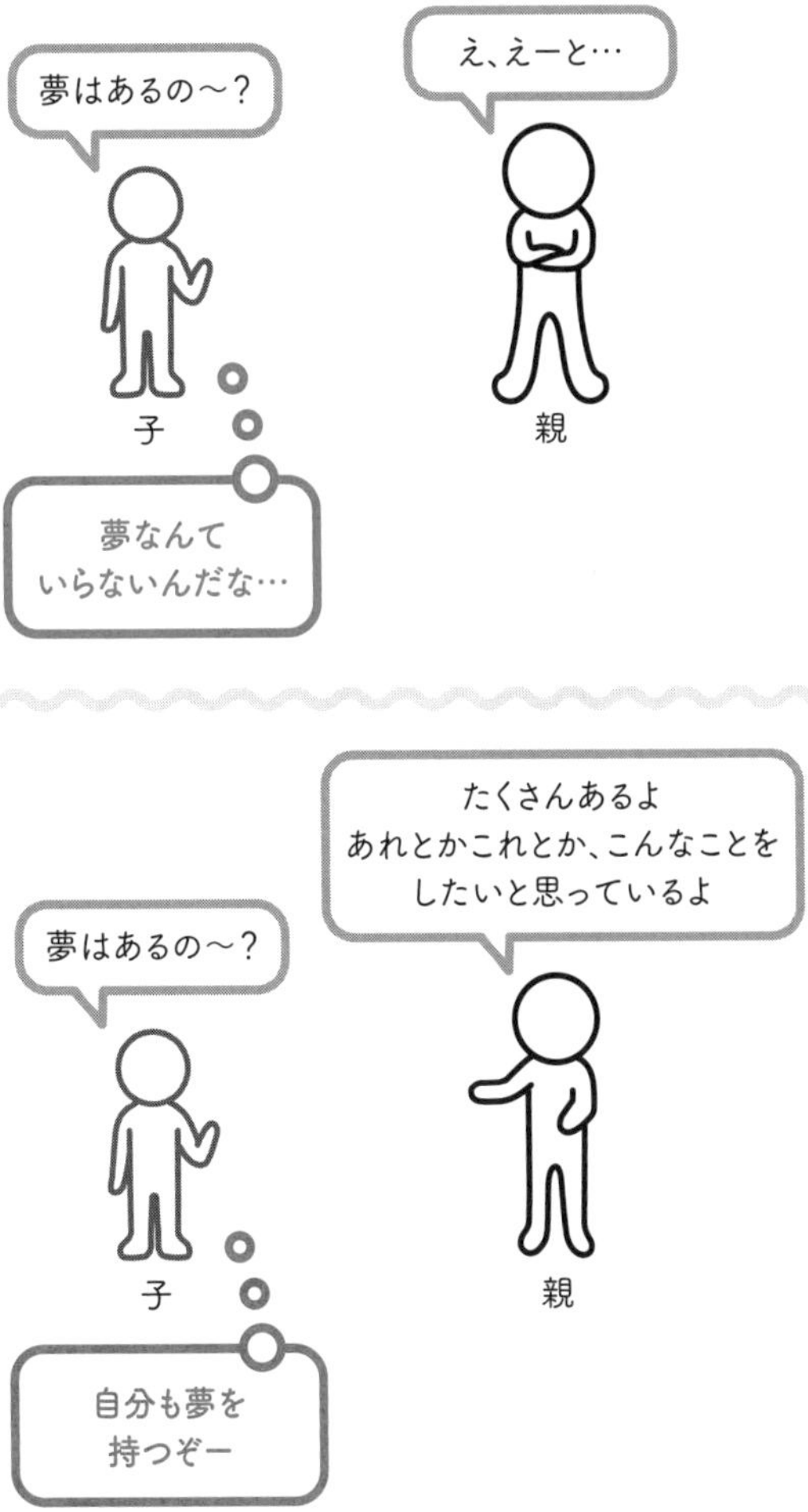

Mentre from 2

ドリームキラーにならない

「夢のないこども」と「夢を聞いてあげない大人」

「夢」に当たる英語の「Dream」は、海外の国語辞典ではこのように訳されているようです。

1 叶うもの
2 強く願えば現実になるもの

では日本の国語辞典ではどうかというと

1　はかないこと
2　現実から離れた甘い考え

などと書かれています。

なるほど、親がこどもに「いつまでも夢みたいなことばかり言ってるんじゃない！」と、ドリームキラーになってしまうのもわからないでもないですね。

私たちは、これまで無意識に脳に刷り込まれた〝夢〟のイメージ通りに、自分のこどもに海外とは正反対の〝夢教育〟をしているんですね。

先の項でもお伝えしましたが、夢（願望）とがんばる力は正比例しています。

つまり、がんばれない子には夢（願望）がないだけなんです。

よく「今の子は昔のこどもに比べて根気がない」と言われますが、そんなことはありません。

ただ、昔に比べて「夢のないこども」と「夢を聞いてあげない大人」は圧倒的に増えた感じがします。

勉強には集中できなくても、ゲームは集中してできたりします。**ゲームには「願望」があり、「目標を達成するイメージ」があり、何より「楽しんで」やっているからです。**

「しなければいけない」という理由でゲームをやっている子はいないですね。同じように、「夢みたいなことを言ってないで勉強しなさい」と言う親もいます。勉強するのは夢のためですよね。

勉強しなきゃいけないから、勉強するわけではないのです。夢を否定するから、夢を持てないこどもになってしまい、毎日の生活にも気力がなくなるのです。

ぜひご家庭で「夢」についても話してみて下さい。**「夢ってなんだろう」「夢があるのとないのとでは何が違うのだろう」**と話をしているうちにワクワクしてくるはずです。

具体的な方法を次の項目からお話しします。

夢を語ることをバカにしない

夢みたいなことを言ってないで、
勉強しなさい!

ではなく、夢を語る

夢ってなんだろうか?

夢を聞いてあげる大人になる
話をしているうちにワクワクを引き出す

Mentre from 2

「こうなれたらいいな」を書き出してみる

夢は気楽に考える

これまで夢の話もしてこなかったし、親が自分の夢を語ることもなかった…。

そんな場合、「いきなり夢の話をされても…」と困惑してしまう子もいると思います。

私たち日本人は、「短期目標」と「努力」、そして「反省」の文化が根付いています。

反対に**長期的な視点、つまり夢やビジョンに関することを習わないで大人になっていきます。**

ですから、いきなり夢の話をされてもピンとこないという人が多いのも事実です。

例えば、高校球児でも甲子園出場は、あくまで短期目標です。

長期目標として、その後の人生で何を実現したいのかを決めてもらいます。

そのためにはまずは甲子園出場を果たすこと、甲子園を目指すことに意義があるという設定にします。

オリンピックを目指すアスリートも同じです。

オリンピック出場やメダリストになるということは短期目標です。

その後、「どんな姿になっていたいのか」という長期目標を設定してもらいます。

ただ、そうは言っても、そう簡単に夢を描くことができないという子もいます。

それはなぜかというと、**夢に対してまだ否定的になっているからです**。

夢を語ったら、それをやらなければいけない、とプレッシャーや責任を感じることもあります。

前項でお伝えしたとおり、親がドリームキラーになっている場合、こどもがこのような反応を示すことが多いです。

「夢は〇〇になることだって言ってなかった？　全然やる気が見られない」

などと言って、こどもを責めていませんか。

なので「夢」を「こうなれたらいいな」「こんなことをやってみたいな」に置き換えます。

夢 ＝ こうなれたらいいな、こんなことをやってみたいな

これらの言葉は便利です。

言ったところでなんの責任も発生しません。だから、いいのです。

こうして、なんの制限もなく自由奔放に考えましょう。

家族みんなで話し合うのもいいですね。

きっと楽しい時間になるはずです。

「こうなれたらいいな」を書き出す

■ 夢への捉え方を変換

夢は叶えないといけないもの

↓ 変換

こうなれたらいいなというもの

↓ 自由な気分で書き出していく

（親と子で一緒にやってみるのもOK）

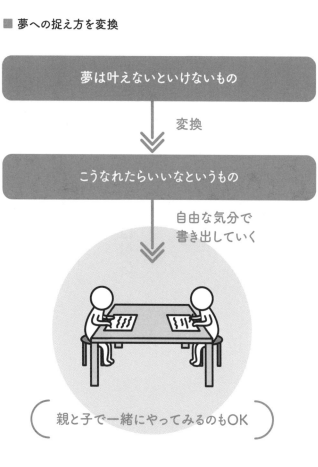

Mentre from 2

ワクワク感があるかどうかが夢の基準

ワクワク感がない夢や目標はNG

ここまで、夢の話をしているとワクワクしてくる、という旨の話をしてきましたが、この〝ワクワク感〟がとっても重要なのです。

なぜかというと、脳はワクワクしていないことを続けることができないからです。

こちらも前項でゲームの事例を出しましたが、ゲームはワクワクするのでいつまでも集中して続けることができます。

しかし、勉強はどうでしょうか。

放っておいたらすぐに勉強をやめて、ゲームをしたり漫画を読んだりスマホを触ったりしていると思います。こどもたちも、勉強しなきゃいけない、そんなことはわかっているのです。

でも、**脳はワクワクする方を続けようとしてしまいます。**

「いつまでゲームしているんだ！」と叱る親はいても「いつまで勉強しているんだ！」と叱る親はいないですよね。ここでは、ゲームはワクワクする対象で、勉強はやらなければいけない対象になっているからです。

大人も同じです。例えば、ゴルフが大好きな人がいるとしましょう。

前日に仕事で遅くなって、ひどく疲れていても、翌日の早朝にはバチッと目が覚めて、しかもゴルフの準備はきっちりできています。

そして元気よくゴルフに出かけます。

これが仕事だったらどうでしょうか。

休日を思いっきり楽しんで、その夜、大河ドラマを見ながら「明日から仕事かぁ」とため息をつく、なんてことがあるかもしれません。ゴルフや休日がワクワクの対象で、仕事がやらなければいけない対象になっているケースの話です。

これを、

脳は正しいことより、楽しいことを続ける

と表現しています。

ここで夢の話に戻します。

夢はワクワクするものです。逆に言うとワクワクしないものは夢とは言いません。

「しなければいけないこと」つまり正しいことを夢にしないで欲しいのです。

こどもに「夢はなに？」と尋ねると、親の顔色をうかがって、親が喜びそうなことを「夢」として話をすることもあると思います。

しかし、こんな**〝しなければならない夢〟は続きません。**

ワクワクしないことには行動が続かないのです。

前項から「願望」と表現しているのは、脳のこの性質があるからなのです。

夢や目標が、どうしても実現したい「願望」になっていることが重要です。

そのことが実現していることを思い描くだけでワクワクする。

これが行動の原動力になり、続ける理由になるのです。

脳はワクワクがないと続かない

■ 夢にするべきは…

実現して
いることを
思い描くだけで
ワクワクするもの
そうなったら
楽しいと
思えること

「脳は正しいことより楽しいことを続ける」

Mentre from 2

具体的になりたい人物像を聞く

なりたい人をできるだけ多く挙げてもらう

ここまで夢について取り上げてきましたが、どうなりたいのかがなかなか見つからないというケースがあります。

なぜかというと、脳は経験していない未来を思い描くことが難しいからです。

しかし、自分のなりたい未来をすでに経験している人は存在します。

そこで、自分の夢から一旦離れて、憧れている人や尊敬する人、こんな人になりたいと思える人を具体的に挙げてもらいます。

一人や二人ではなく、家族や友人、有名人も含め様々なジャンルで、考えつくだけ、できるだけ多くの人を挙げてもらうと良いでしょう。

ここではまず数を出してもらいます。

つまり**思考を拡散して選択肢を増やす**のです。

ある程度挙がったら、今度は収束をかけます。

挙げた人物の中から一人、一番憧れる、尊敬するなど、自分の中で一番こんな人になりたいと思える人物を選んでもらいます。

そして、その人物と自分の違いを考えてもらいます。

その人にはあって、自分にはないものはなにか。

どこを成長させたら近づけるか。

といったことを挙げてもらいます。

逆に真似できそうなことはなにかも考えてみましょう。

次に、実際にその人物に会ったら、どんなことを聞いてみたいか。

そうしたら、どんな答えが返ってくるかを想像してみます。

このプロセスを通して、自分の将来の姿を描いていきます。

憧れの人を通して、自分の夢を描くのです。

最後に、もう一つ。

「憧れ」というのは「この人は素敵だ」「この人のようになりたい」という感情とともに、「この人だからできた」とか「どうせ自分には無理」といった一種のあきらめの感情も入っています。

だから、憧れの人をライバルにしてしまいます。

この人に「必ず追いつき、そして追い越す」ということを誓うのです。

こうすることで、脳の燃え尽きを防ぎ、夢に向かって行動し続けることができるようにしていきます。

どういう人になりたいかイメージする

まずは思いつく限り書き出す

- 尊敬する人は?
- 憧れの有名人は?　など

次に収束をかける

- 一番こんな人になりたいと感じられる人は誰?

自分とその人の違いを考える

- その人にあって自分にないものは?
- どこを成長させたら近づける?
- 逆に真似できそうなところは?

憧れの人物に会ったら聞くことを考える

- どんなこと聞いてみたい?
  - ▶ そして、どんな答えが返ってくると思う?

**その人へ追いつき、追い越そうという気持ちが
燃え尽きない心をつくっていく**

Mentre from 2

夢の年表をつくってみる

10年後を1年刻みで書く

「こうなれたらいいな」「こんなことをやってみたいな」ということを書き出したら、それを目で見える形で年表にしてみましょう。

年表にすることで、自分の未来が具体的に見えてくるようになります。

1年刻みで10年分書いてみるといいでしょう。

3年後にはまずこれを達成しておく必要があるな。

5年後にはこれが実現していて、10年後にはこうなっていたいな。

と、現在から10年後に向けて歩みを進めていくかたちで書いていくのもいいですね。

逆に10年後から遡るかたちで考えるのもいいでしょう。

10年後にはこれを実現しているかな。

そうすると、5年後にはこれを、3年後にはこれを達成しているといいね。

だから1年後にはこれを達成しておこう。

そういうふうに逆算思考で考えるのもいいですね。

よく、ゴールから逆算するのが正しい、みたいなことが書いてある本もありますが、これは思考タイプの問題で、自分がやりやすい方で構わないと思います。

まずは、3年後、5年後、10年後など区切りの良いところを埋めて、その後、それぞれの年の間を埋めていくといいと思います。

こどもと一緒に、ワイワイと話しながら書いてみましょう。

もちろん10年間に限ったことではありません。

30年、50年の年表にしてもいいと思います。

このときは1年刻みでなくても構いません。

例えば、年表の枠は10枠でも、最終年を30年後にして、あとの空いた枠に何年にそうなっているのかがわかるようにしておけばOKです。

完成したら自分の未来予想図ができあがっていると思います。

将来へのモチベーションも上がってきますよ。

もし、こどもが「なりたい姿」や「やりたいこと」が思い浮かばないときは、「こんなことが向いていると思うよ」などとアドバイスをしてあげるのもいいです。

自分では気づかなかった新たな一面を見つけるサポートをしてあげて下さい。

「得意なこと」や「向いていること」を気づくきっかけづくりになると思います。

また、逆に「絶対にやりたくないこと」「得意でないこと」を書き出してみることもオススメです。

「なりたい姿」「やりたこと」が見つからないときは、やりたくないことを挙げてみることで、本当にやりたいことを見つける手助けになることもあります。

10年後までの夢を1年刻みで記入する

目で見える年表にしておく

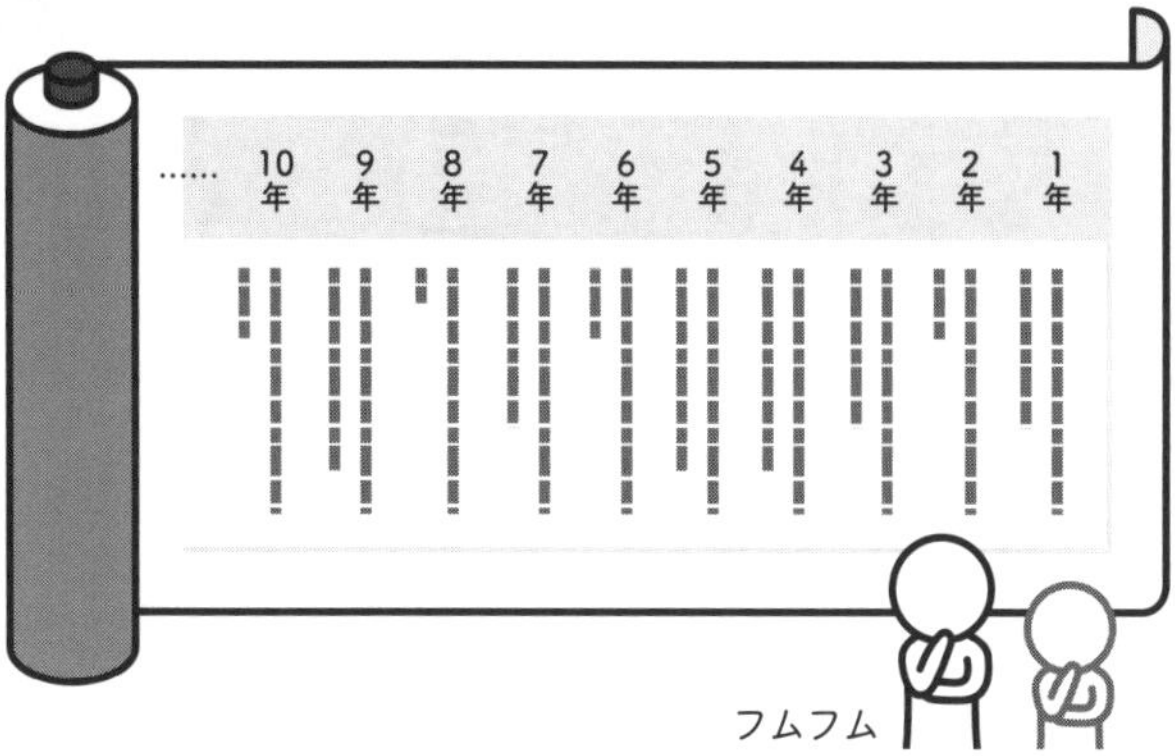

逆算思考で考えてもOK

10年後には
これを実現
しているかな

そうすると、
5年後にはこれを、
3年後にはこれを
達成しているといいね

だから
1年後には
これを達成しておこう

Mentre from 2

願望を「見える化」する

見えると記憶に残る

脳には、文字よりも、絵や写真のほうが強く記憶されるという性質があります。それを利用して、願望に関する写真や絵を1枚のシートに貼り付けて、自分の部屋などいつでも見ることができる場所に貼っておくことが効果的です。貼り方には特に決まりやルールはありませんので、時系列にしてもいいですし、ランダムに貼っていっても良いです。

そうする事により、今まで夢と言われても全く想像できなかった人でも夢に対するイメージを描くことができるようになるのです。

しかし、ただ夢に関する写真を貼ってもその夢が実現できる訳ではありません。

なぜなら、夢を描くことができない人は、自分がその夢を叶える事ができると思えないからです。

そのために「ワクワク感」をつくることが必要になります。

なりたい自分になっていることを想像しているだけでワクワクして、その夢に向かって歩んでいきたいと思えることです。

見ているだけでワクワクするような**「願望シート」**をこどもと一緒に作成してみて下さい。

絵や写真を貼り付けたら、空いたスペースに必要な言葉や吹き出しなどを書き足して、さらにワクワクしたものにしていきます。

そして、完成した願望シートは毎日眺めて、脳にインプットしていきます。

こうして何度も繰り返しインプットしたことは潜在意識に記憶され、長期記憶になります。

ここで書く際の留意点をお伝えします。

できればパソコンではなく、**手書きで書く**と良いです。パソコンやスマホより、手書きのほうが脳を活性化させることにつながるからです。手書きは、書き出すことで文字を見ている視覚、ペンなどで書く際の音といった聴覚、そしてインクやノートの香りなどの嗅覚、さらにはペンを握る、書く、紙を触るといった触覚までも使うことになります。

このように多くの感覚を使うことで、脳に刺激を与え活性化することができるのです。

また、海外の大学でも、ペンと紙を使うことで、記憶とをつなぐ『フック』がより多く脳に与えられる、という研究結果も発表されています。

こどもたちもスマホやタブレットを使うことに慣れてしまうと、脳への刺激が少なくなります。

ぜひ紙に貼ったり、書いたりすることで、多くの刺激を脳に与えて下さいね。

願望シートの例

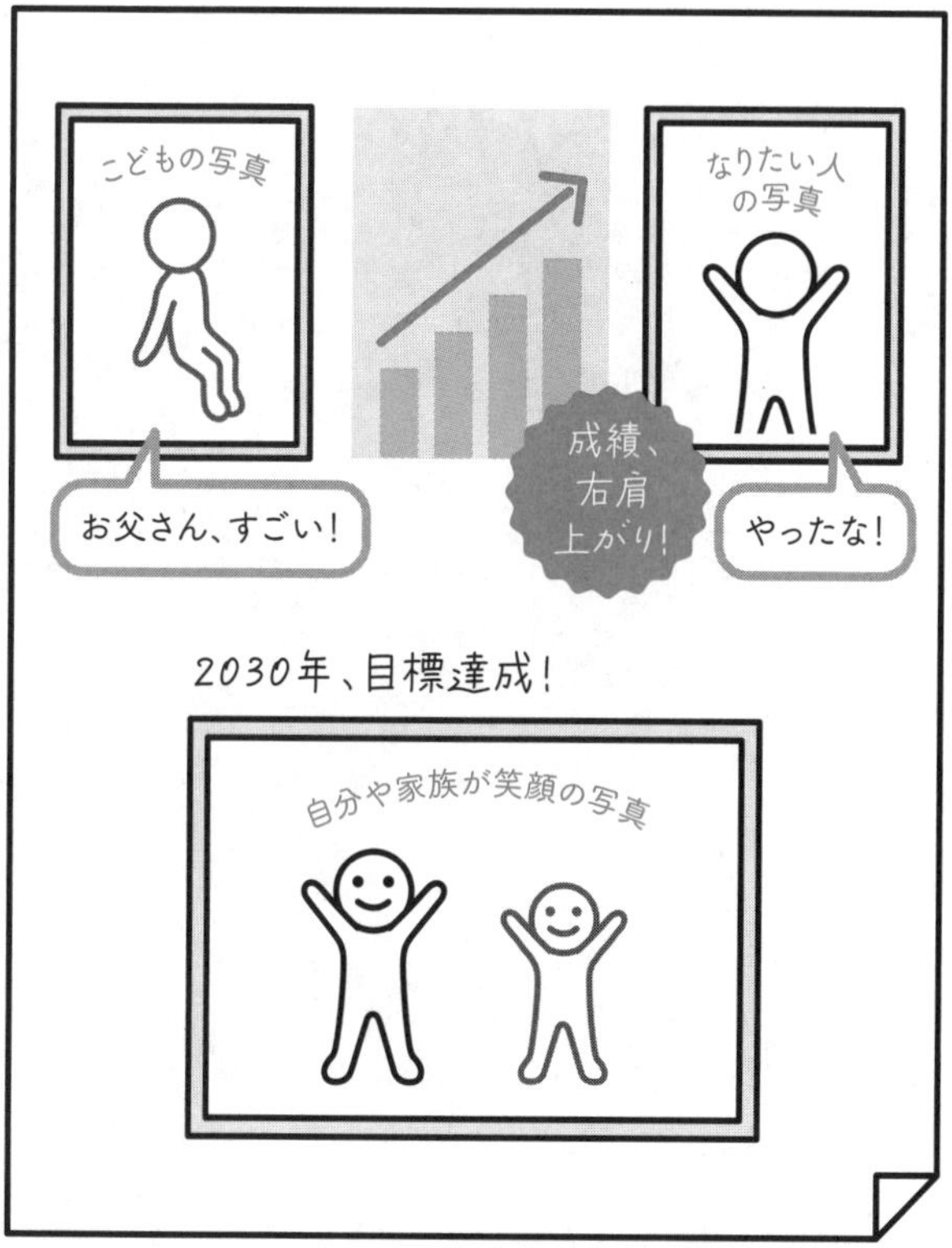

写真や絵、手書き文字を用いて自由な発想で書いてもらう

Chapter 3

自信

自信を持つためには脳の性質を
利用することが重要です。
いますぐできる自信の持たせ方を
お教えしていきます。

Mentre from 3

チャンクダウンして問いかける

こどもの自信を形成するための第一歩

「自信のもとになっているものは何だと思う?」

このようにこどもに問うと、「経験」や「実績」などの回答が多くでてきます。

つまり、今の自分の姿は **「これまで何を積み重ねてきたか」** なのです。

どんな経験をしてきたのか。

どんな苦難を乗り越えてきたのか。

どんな実績がつくれたのか。

これが自信、つまり自分を信じる基礎になっているのです。

自信というのは「自己信頼」のことです。

「自信がない」と答える人は、自分のことを信じられていない状態です。

なぜ、自分のことを信じられないのでしょうか。

それは、過去の「できない」を記憶しているからです。

これまで生きてきた中で、できなかった経験、失敗した経験を強く覚え込んでしまっているのです。

だから、成功体験があると良いと言われているんですね。

自信を取り戻すためには大きな成功ではなく、小さな成功で大丈夫です。

親が高いところにいて、「ここまでおいで」と言っても、こどもは「そんな高いところは無理」と感じてしまい、ますます自信が失われていってしまいます。

親が大きな成功を求める
↓
できない
↓
自信の喪失

だから小さなステップを作ってあげましょう。

これをコーチングでは**「チャンクダウン」**と言います。

チャンクとは、まとまった「かたまり」を意味する言葉で、チャンクダウンは、このかたまりを複数の小さいかたまりに分割するという意味です。

つまり、行動しやすい単位にまで分解してあげるのです。

例えば、

「まずはどこを目指す?」

「何からやってみる?」

「誰とだったらいい?」

「どのくらいできたらOK?」

といった問いで、できるだけ小さい単位になるまで、物事を具体的にしていきます。

「これならできそう」と思える単位まで小さくしてあげて、実行を促します。

こうして小さな成功を積み上げていくことで、徐々に自分のことを信頼できるようになっていくのです。

小さな成功を重ねるために

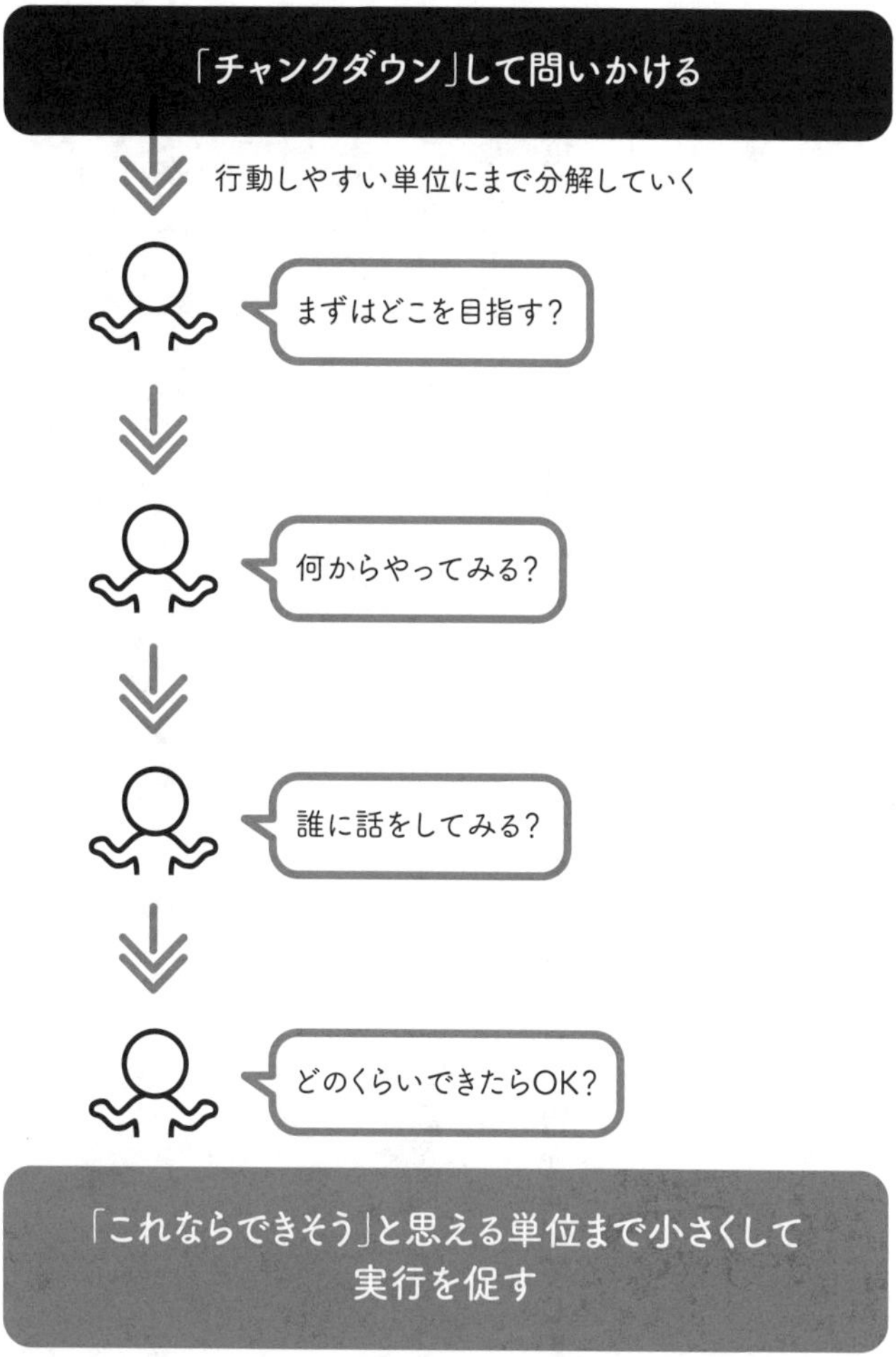
「チャンクダウン」して問いかける
行動しやすい単位にまで分解していく
まずはどこを目指す?
何からやってみる?
誰に話をしてみる?
どのくらいできたらOK?
「これならできそう」と思える単位まで小さくして
実行を促す

Mentre from 3

できないではなく「できる」に意識を向ける

「過去形の問いかけ」がカギ

小さな成功を積み重ねるのが大事な理由は、「できる」に意識を向けることが必要だからです。

自信のないこどもたちは、つい「できない」ところばかりに目が向いてしまう傾向にあります。

毎日「できない」ところばかり見ていると、当然自信は失われてしまいます。

例えば、野球で3割の打率を残すバッターはとても優秀な選手です。

でもよく考えてみたら、この優秀な選手でも10回のうち7回は失敗している計算になります。もし

「また打てなかったのか」

と、7回の失敗ばかり問い詰めたらどうなるでしょうか。

「自分は打てないんだ…」

と思い込み、ますます打てない選手になっていきます。

逆に

「今日はヒットが出たね」

と、成功したことに対して認めるような言葉かけをしたら、

「もっとヒットを打てるようにがんばろう!」

となります。実は、言葉かけとともに大事なのが、「**問いかけ**」です。

例えば、野球の試合でヒットが出なかったときに「なんで打てないんだ?」と問うと、「ピッチャーの球が速いから」「タイミングが合わなかったから」などと、脳はできない理由を探してきます。

では

「どうすれば打てると思う?」

と問うとどうでしょう。

「もっとバットを短く持つ」「ネクストバッターズサークルにいるときにタイミングを合わせておく」

などと、脳はできる理由を考えるようになります。

ここでもう一歩進めて、「どうしてできるようになったのか」を問うてみます。問いを「できるようになった」という過去形にするのです。

どうして
できるようになったの？

↓

「なんでだろう」と
脳が考える

↓

できるに
意識が向く

先の野球の例でいうと、「どうしてあのピッチャーの球が打てるようになったのか？」という問いになります。

そうすると、「バッティングマシンでの打撃練習で一歩マウンドに近づいて打つ練習をしたから」「普段の素振りから相手ピッチャーを想定してタイミングを合わせることを意識したから」などと答えが出てきます。

普段から、「できない」ではなく「できる」に意識を向ける問いかけをすることを心がけてみましょう。

「できる」に意識を向ける問いかけ

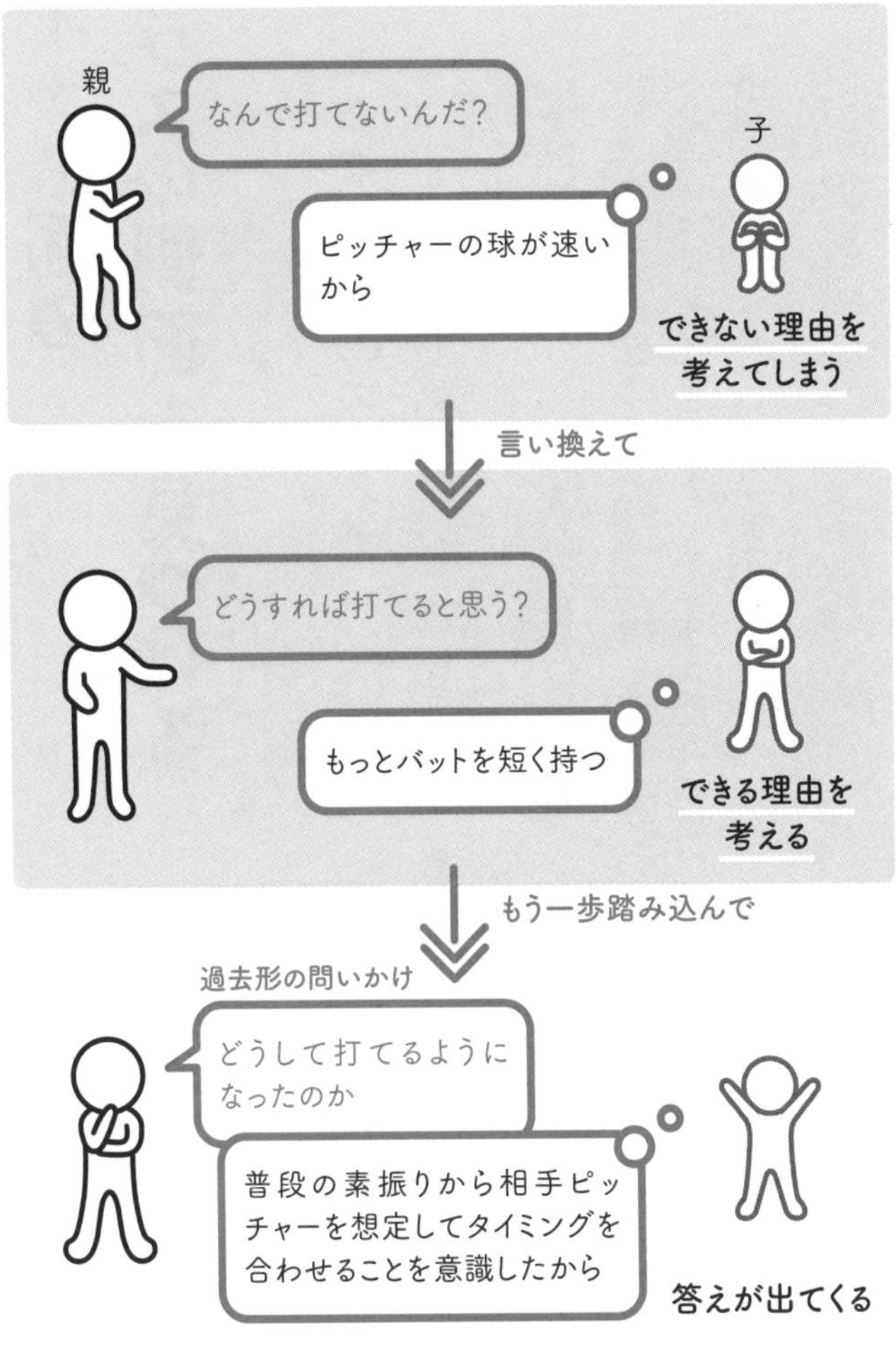
親
なんで打てないんだ？
子
ピッチャーの球が速いから
できない理由を考えてしまう
言い換えて
どうすれば打てると思う？
もっとバットを短く持つ
できる理由を考える
もう一歩踏み込んで
過去形の問いかけ
どうして打てるようになったのか
普段の素振りから相手ピッチャーを想定してタイミングを合わせることを意識したから
答えが出てくる

Mentre from 3

マイナス面のプラスの側面を見つける

「おかげさま」のススメ

こどもたちに自分のプラス面とマイナス面を書いてもらうと、マイナス面ばかりを出してくる子がいます。

普段から自分のマイナス面ばかりに目が向くようになってしまっているのです。これも自信のない子の特徴ですね。

ただ、よく考えてみると、マイナス面だと思っていることは、裏を返せばプラス面だということがわかります。

例えば、マイナス面に「あきっぽい性格」と書いてあるとしましょう。

普通に考えると、あきっぽいというのはマイナス面と捉える人が多いですね。

しかし、そのプラスの側面を見てみると、「気持ちの切り替えが早い」「好奇心旺盛」とも言えるわけです。

また、「神経質だ」という場合、そのプラスの側面を見てみると、「細かいところまで目が届く」「几帳面」「誠実」とも言えます。他にも、

頑固	⇒	意志が強い
愛想が悪い	⇒	相手に流されない
いい加減	⇒	細かいことを気にしない
空気が読めない	⇒	精神的にタフ
しつこい	⇒	粘り強い
理屈っぽい	⇒	論理的に考えられる
行動力がない	⇒	じっくり考える
優柔不断	⇒	慎重である

このようにマイナス面にもプラスの側面があるということに気がつきます。

こどもが

「どうせ自分は…」

と自分のマイナス面を言っていたら、それは

「○○というプラス面でもあるよね」

と言い換えてみましょう。

起きた事柄も同じです。

どんな事柄もプラス面とマイナス面の両面があります。

マイナスだと思う事柄のプラス面を見つける方法としてオススメなのが、**「おかげさま」**を接続詞にして考えることです。

例えば、

「宿題を忘れた」おかげさまで「準備の大切さがわかった」

「試合に負けた」おかげさまで「また一つ勝つ理由ができた」

といったように、こどもと一緒に楽しんでマイナスの事柄のプラス面を見つけてみましょう。

マイナス面のプラスの側面を見つける

「頑固」	→	「意志が強い」
「愛想が悪い」	→	「相手に流されない」
「いい加減」	→	「細かいことを気にしない」
「空気が読めない」	→	「精神的にタフ」
「しつこい」	→	「粘り強い」
「理屈っぽい」	→	「論理的に考えられる」
「行動力がない」	→	「じっくり考える」
「優柔不断」	→	「慎重である」

こどもがマイナス面を持っていたら、
「○○というプラスでもある」と言い換えてあげる

Mentre from 3

自分との約束を守ってもらう

小さな約束をこどもと実践していく

私たちの脳は、何を思い、どんな言葉を使い、どのような行動をしているか、ということを毎日潜在意識に記憶しています。

つまり、潜在意識に何が記憶されているか、が今の自分をつくっているわけです。

これまで「できる」を繰り返してきた人は「できる」人間になっています。

逆に「できない」を繰り返してきた人は、「できない」人間になっているはずです。

先に述べたとおり、「できる」に意識を向け、物事のプラス面を見つけられるようになれば自信をもてるようになりますね。

ただ、自信をなくしてしまう大きな要因があるのです。

それが〝約束〟なのです。

私たち大人も、仕事の始業時間を守る人がほとんどでしょう。

こどもも、学校の始業時間を守る子が多いのではないでしょうか。遅刻をするということは約束を破ることになるからです。

私たちは、このように**他人との約束は比較的守る傾向**にあります。

ただ、実は約束にはもう一種類あるんですね。

それが〝**自分との約束**〟です。

自分でこうしようと決めたこと、これは自分との約束ですね。

この「自分との約束を守れているかどうか」、が自信につながるのです。

例えば「毎日2時間勉強する」と決めたのに、できていない。

「毎朝6時に起きて体幹トレーニングをする」と決めていたのに、起きることができない。

これは、自分との約束を破っているわけです。

このように自分との約束を破っていると、自分のことを信じられなくなります。つまり自信が失われていくのです。

決めたことはやろう！

というのはこのことがあるからなんですね。

この「自分との約束」をこどもに伝える際に大事なことがあります。

それは親も同じようにこどもから見られるということです。

こどもは親の言っていることは聞いていなくても、やっていることは見ているのです。

決めたことを達成できない姿を見せてしまっては逆効果ですので、小さな約束でかまいません。

例えば、

「間食は減らしてみよう」「寝る前に30分でも勉強してみるぞー」「30分でも早起きしてみよう」

と親が宣言して率先して始めてみましょう。

こどもと一緒に実践することもオススメします。

自分との約束を守る姿を見せる

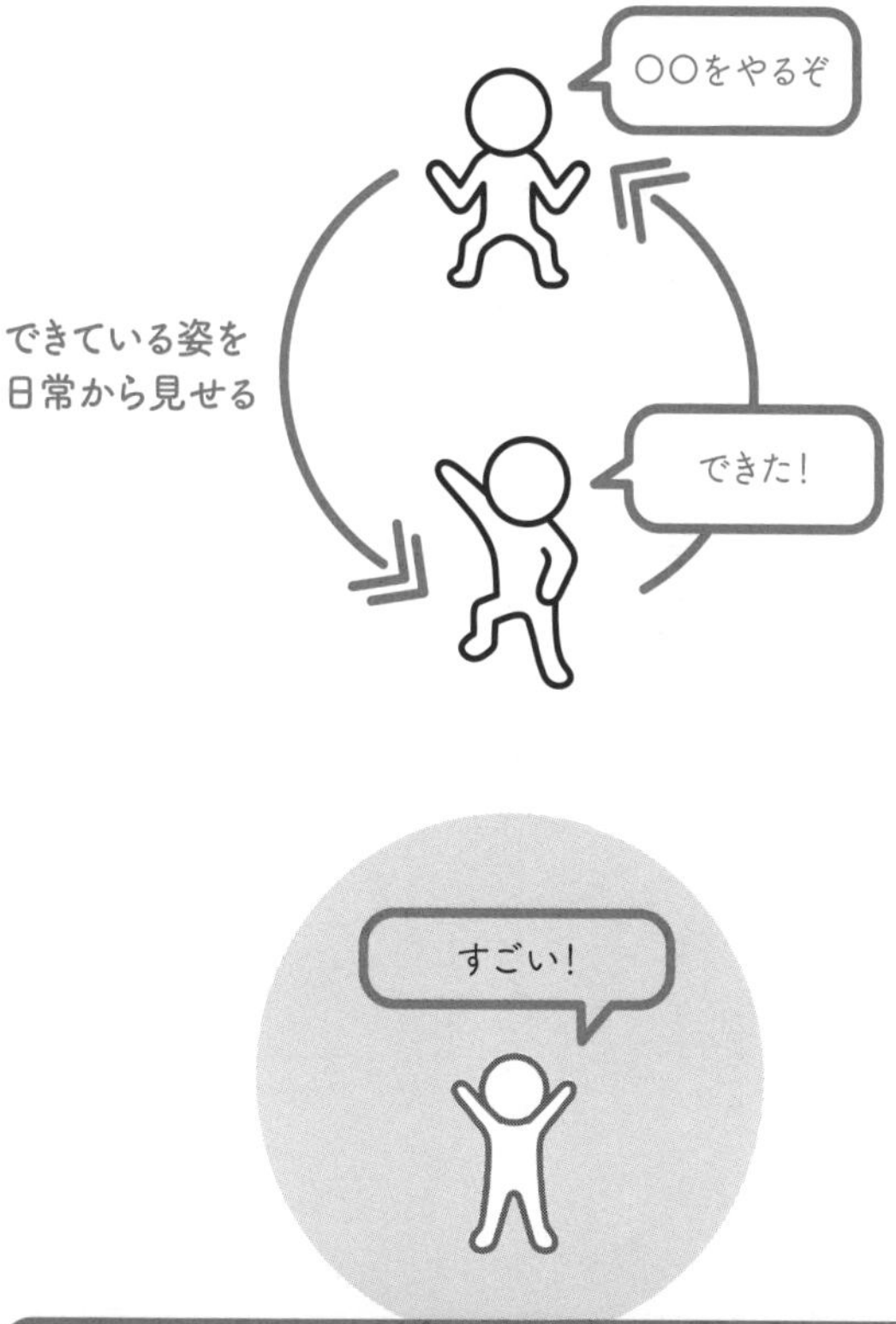
○○をやるぞ
できている姿を
日常から見せる
できた！
すごい！

こどもは親の言葉よりも
やっていることをよく見ている

Mentre from 3

「根拠のない自信」からスタートしてみる

思い込みの力は強い

「初めてのことに取り組むとき、どんな気持ちになる？」

とこどもに問うと、

・うまくできるかどうか不安になる

・できなかったら皆になんて思われるかを考えてしまう

・自信がもてない

などという回答があります。

初めての取り組みは、これまで経験がないわけですから、このように思うのも当たり前ですね。何かを経験すると、その出来事は多くの感覚（視覚、聴覚、触覚、嗅覚、味覚など）を活用するので、脳に強く記憶されます。

だから経験すること、特に成功体験が大事になるのです。

では、成功体験もない、できると思えないという場合はどうしたらいいのでしょうか。

このときこそ、**脳はウソなのか現実のことなのかを区別できない**、という性質があることを利用するのです。

脳の記憶は、経験の記憶と想像の記憶の２つの記憶が混在しています。

だから〝思い込み〟が起きるのです。

そして、私たちはこの思い込みに左右されることがあります。

「何度チャレンジしてもダメだったから無理だ」「あの人は自分のことをよく思っていない」などと、思い込みによって物事や人に対する姿勢を決めることがあります。

なので、とにかく「できる」という思い込みをつくってしまえば良いのです。

これを**「根拠のない自信」**と表現しています。

１つの方法は「～したい」という言葉を「～する」と言い変えることです。

スポーツの場合、例えば優勝経験のないチームが、優勝することができないとは限らないですよね。

でも優勝するチームのほとんどは「優勝する」という気持ちで挑んでいます。成功体験がなくても、「優勝する」という思い込みが、自分たちの力になっているのです。

実は「〜したい」という言葉には「条件が整ったら」という言い訳が入っています。この逃避の思考パターンを意識して変えなければずっと、繰り返してしまいます。何か行動をする際は、意識的に「〜する」という言葉をつかってもらいたいですね。

もう1つの方法は、優勝した瞬間を思い描き、それを再現するということです。私がサポートしてきたチームでも、優勝からずっと遠ざかっていたチームが優勝を果たしてくれました。その時やっていたのが、まさに「優勝した瞬間の喜びを皆で表現する」ということです。

できるという思い込みをつくるために、脳に五感を使って記憶させていたのです。そうしたプラスの思い込みのくり返しが、成功へと近づいていくのです。

「思い込み」にも効果がある

1 「～したい」ではなく「～する」

言い切ることが大事

2 成功した姿を再現する

「できる」という思い込みを
記憶させる

Mentre from 3

自信があるように振る舞うと良いワケ

プラス動作の効能

こどもに「どんな人が自信があるように見える?」と問うと、

・堂々として胸を張っている
・どんなときでも笑顔でキラキラしている
・イキイキとしている
・大きい声で話す
・背筋がピンとしている

といった回答が返ってきます。

もう、おわかりですよね。

自信がないという子は、まずは自信があるように振る舞ってみるのが大事です。

脳は入力（思い）よりも出力（言葉・動作）を信用します。

「自信をもっていこう」と思っていても、そのときの態度が自信なさそうだったり、小さな声でボソボソと話していたり、下を向いていたりしていると、自信をもてなくなってしまいます。

また「自信をもたなければ」という言葉がけもNGです。

「〜しなければ」という言葉は、プレッシャーを生み出してしまう言葉だからです。脳が不快な反応を示して、こどもは能力を発揮しにくくなってしまいます。

ですから、「自信をもっていこう！」「自信がみなぎってきた！」と笑顔で話すようにするといいでしょう。

言葉や動作をコントロールし、自信があるように振る舞うことで、「自信がある」という思いをコントロールしていきます。

実は、自信があるように、相手から見られることも大事です。

私たちは、自己暗示と他者暗示でできています。

自分のことをどう見ているか、これが自己暗示です。

自分が他人からどう見られているか、これが他者暗示です。

自信がある子というのは、この「自己暗示と他者暗示の2つが良い子」なのです。

「自分はできる」と思えていて、他人からも「あの子はできる」と思われているということです。

他人から見える自分は、行動や動作、表情、態度で判断されます。

そして、自分をコントロールするのも行動や動作、表情、態度です。

自信があるように見える人の行動や動作、表情、態度を真似てみましょう。

いつか自分のものになっていきます。

こどもに伝える前に、まず親である私たちが、しっかりその姿を見せていきましょう。

親が毎日を楽しそうに、自信をもって過ごす姿が、こどもにとっての一番のお手本ですから。

脳の錯覚を利用する

- 堂々として胸を張っている
- どんなときでも笑顔でキラキラしている
- イキイキとしている
- 大きい声で話す
- 背筋がピンとしている

自信があるように振る舞うと自信が湧いてくる

脳は入力よりも出力を信用する性質がある

Mentre from 3

十分な準備が自信をつくる

結果はホイッスルの前に決まっている

「自信をもって！　やればできるから」

と伝えていても、不安や恐怖心からなかなか行動に移せない子もいます。

なぜ不安に思うのかというと、準備が足りない、という場合が多いです。

自信をもって臨めないのは、準備不足なのです。

・なかなか勉強の時間がとれなかった

・良い練習をしてこなかった

・気持ちの面の準備、メンタルトレーニングが十分ではない

だから、こどもには準備の大切さを教えたいですね。

「段取り八分」という言葉があります。

これは舞台用語ですが、一つの舞台を完成させるには、役者はもちろん、舞台道具、音響、照明など、それぞれの役割があり、段取りがあります。

「最初はこのように入って、この場面ではこうして、最後はこんなフィナーレに」

それぞれの役割を、この段取りどおりにこなせるように準備ができたとき、その舞台は8割成功だということです。

スポーツの世界でも、野球でいえば「プレイボール」と球審がコールする、サッカーでいえば主審がホイッスルを吹く前に、試合は8割決まっていると私は伝えています。

結局は、それまでにどんな準備をしてきたのか、ということです。

ですから、どういった段取りでどのような動作、言葉を使ってメンタルをプラスに保っていくかをこどもと事前に話しておくのもよいでしょう。

例えば、大事な部活の試合の当日。

チームメイトに会ったら、「おはよう」「こんにちは」と元気に挨拶する。

試合会場に着いたら、意識して自分たちが勝つことのイメージトレーニングを行う。

試合直前には、深呼吸して「よし！」と前向きな言葉を発する。

そうして事前にやることを決めておくことで、本番で動じることなく、堂々としたメンタルで本来の力を発揮していくことができます。

サッカーのカタールW杯で、日本は決勝トーナメントでクロアチアにＰＫ戦で敗れ、目標のベスト８には届きませんでした。

クロアチアはＰＫ戦を想定して準備してきたのに対して、日本はどうだったのかな?と考えました。もしかしたらＰＫ戦を想定していなかった、準備を十分にしていなかった可能性があると思っています。

自信をもって臨める人というのは、十分な準備をしている人なのです。

大事な場面の前にやっておきたいこと

（例：試合当日の流れを決める）

チームメイト・関係者には元気に挨拶

会場では勝つためのイメージトレーニング

試合直前は「よし！」などプラス言葉を使う

**直前に頭でリハーサルしておくと
本番に堂々と挑める**

Mentre from 3

寝る前10分で「いいこと」だけを思い浮かべてもらう

脳は最後を強く記憶する

「さぁ、寝ようかな」と思ってベッドに横になり、いつものようにスマホをチェック。

あれこれ見たり、SNSでのやり取りをしているうちに、目が冴えてしまい、気がついたら日付が変わっている。

こんな経験はありませんか？

これは**「メラトニン」**というホルモンが関係しています。

「メラトニン」は休眠や睡眠に誘うホルモンで、暗くなると分泌量が増えて眠くなってくるのです。

逆に光を浴びると分泌量が減って覚醒していきます。

「睡眠不足が続いている」「朝の寝起きが悪い」「疲れがなかなかとれない」

これらは、寝る前のスマホが原因かもしれません。

寝る前にスマホを見ていると、脳が昼間だと勘違いして覚醒していきます。

だから寝付けなくなるなどの睡眠障害を引き起こしてしまうのです。

寝る前の10分間は脳のゴールデンタイムです。

この時間帯をどのように使うのかが将来を決める鍵でもあります。

イチローさんはインタビューで「高校の時に寮に入っていた3年間、僕は寝る前の10分間素振りをしていました。そしてそれを1年365日、3年間欠かさず続けました」

とコメントしています。

寝る前10分のゴールデンタイムに、しっかり成功のイメージを脳に記憶していたんですね。

脳は寝た瞬間から一日を再生します。

だから寝る前は不安や憂えではなく、夢や願望を思い描いてワクワクして寝てほしいのです。

逆に「今日はダメだったな」と悪いことを考えたり、悩んでいると、マイナスのイメージトレーニングを寝ているときに繰り返してしまいます。

もし、成功のイメージが描けなくても「今日はなんだかんだいい一日だったな」と言って眠りにつくだけでもかまわないのです。

こどもと一緒に実践してみてください。

良好な睡眠を確保するためにもこの寝る前の10分間は大事です。

この時間に何を思い、何を考えているかが将来に大きく影響を及ぼしているからです。

睡眠が質の良いものになるだけではなく、寝起きも気持ちよくなりますよ。

一日の終え方が重要

寝る前にここを気をつける

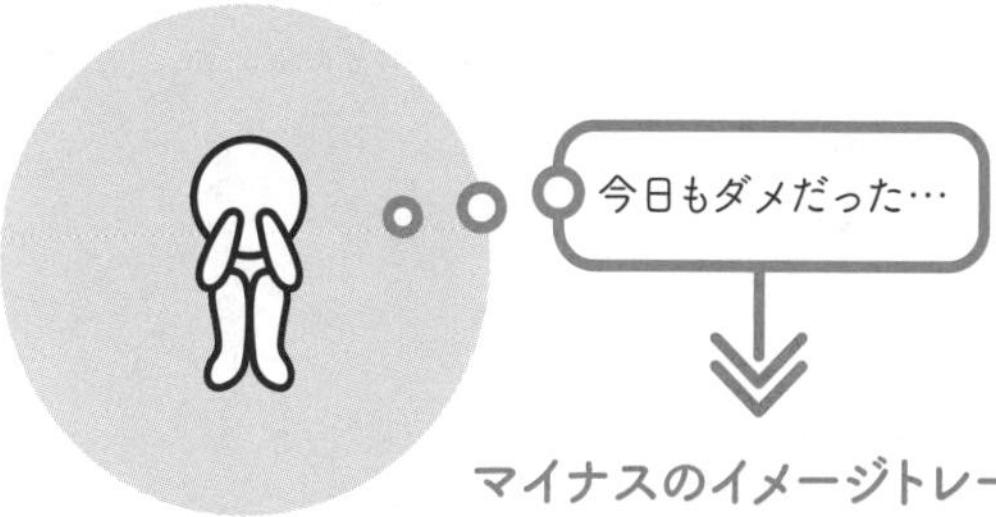

マイナスのイメージトレーニングをしている状態になる

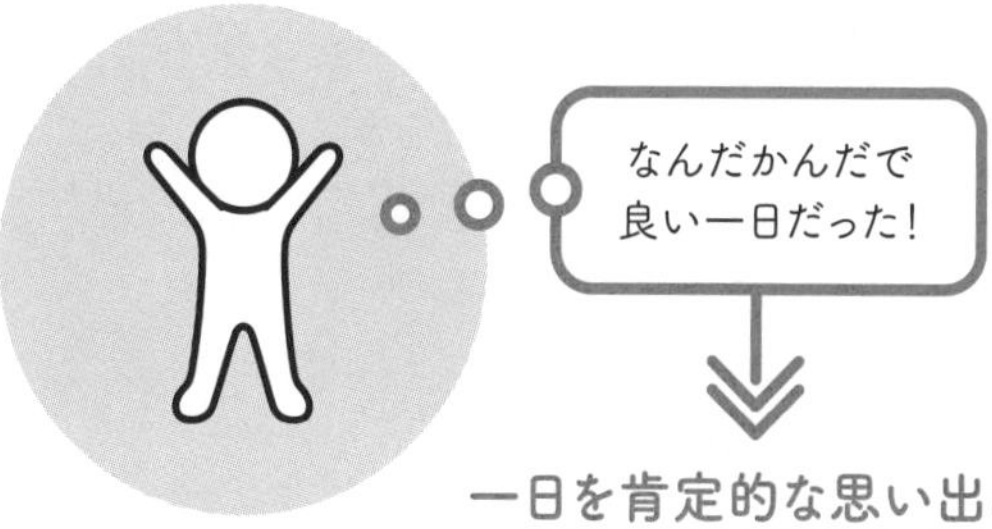

一日を肯定的な思い出として記憶してくれる

ダメな一日でもプラスの思いを描いて サッと寝ること

Chapter 4

逆　境

こどもが逆境に立たされているとき、
失敗をしてしまったときに、
どういう対応をしたらいいのか。
逆境を乗り越えるための行動を
ご紹介します。

Mentre from 4

そもそも逆境はなぜやってくるのか

プロアスリートも必ず逆境を経験している

こどもたちに「大ピンチになったり、目の前に大きな壁が現れたら、どんなふうになりますか?」と問いかけると、

・逃げだしたくなる
・なんで自分だけと責める
・やる気がなくなる

などという回答がありました。たしかに、逆境が目の前に突如として現れたら、誰でも同じように考えてしまうと思います。

普段はメンタルが強いアスリートでも、ケガをしてしまうとやはり「どうして

こんな時期に」「どうしてこんなことになってしまったんだ」と落ち込んでしまうことがあります。そしてプロのアスリートほど、逆境がやってきてしまうと言っても過言ではありません。

なぜなら、**本気で取り組んでいるから**です。

逆境がくるのは、何かを本気で取り組んでいた結果として起こることが多いのです。

例えば、練習をし過ぎてしまうとケガにつながりやすいものです。

私のサポートした選手では、スピードスケートの高木菜那さんもそうでした。2018年の平昌オリンピック出場をかけた選考会前に足にケガをしてしまいます。練習できない時間は不安との戦いでしたが、それを乗り越え、日本女子アスリート史上初、1大会で2つの金メダルを獲得しました。特に平昌オリンピックから正式種目に加わったマススタートでは、初代女王に輝きます。

逆境というとマイナスのイメージがあると思いますが、それは次のステージに上がるためのサインと考えることができます。

メジャーリーグのニューヨーク・ヤンキース等で活躍した松井秀喜さんもヤン

キース時代、ライナー性の当たりにスライディングキャッチを試みた際に左手首を骨折しました。治療と休養を余儀なくされましたが、ケガから復帰後、やはりそこから活躍してＭＶＰまで獲得しました。

成功者は例外なく「あのときの逆境があったからこそ、今がある」と、逆境を乗り越えた人たちばかりなのです。

逆境というのは、成長の機会がやってきたというサインです。

逆境 → 成長のチャンス

もしも、こどもが逆境にたっているときは、逆境から成功した人のエピソードを語ってあげるのもいいでしょう。

あの人はこんなふうにピンチがやってきたけど、このように乗り越えて、さらにこんな活躍ができた。そうして「ピンチのおかげで成功できた」という逆境に対するイメージを変えてあげる話を伝えてあげましょう。

逆境に対する不快なイメージに変化を与えてあげてほしいのです。

逆境の捉え方

逆境は必ずやってくるもの

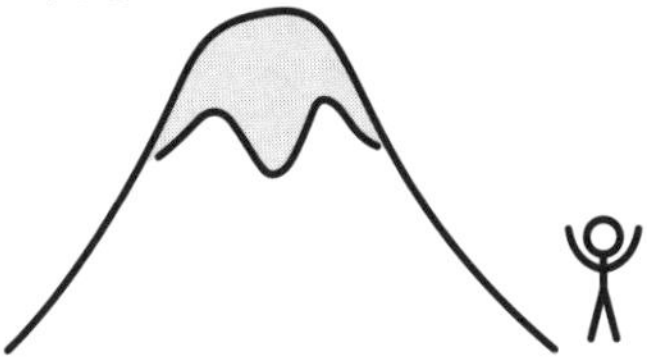

なぜなら

本気で取り組んでいるから

だから

次のステージに上がる
サインだと捉える

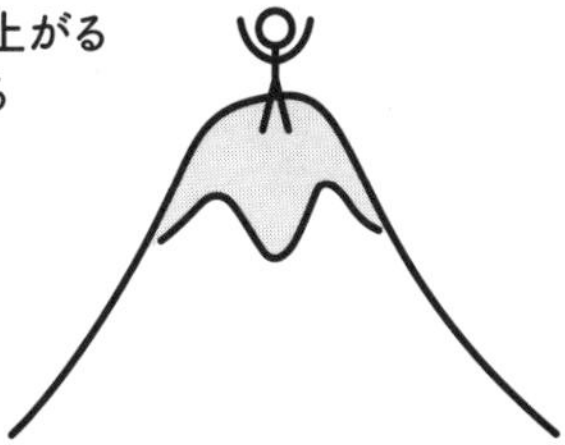

成功者はみんな「あのときの逆境があったからこそ、
今がある」と口にしている

Mentre from 4

「逆境を受容する」ための問いかけ

何に気づけというサインなのか

先に述べたとおり、逆境が目の前に現れたとき、

「何かの間違いだ」

「こんなはずじゃない」

「ふざけるな」

と拒絶してしまうと逃げだしたくなります。

その結果、「やっぱりダメだ」「無理だった」などと、逆境を克服することを諦めてしまうようになります。そして同じようなことを繰り返すと、あきらめやすい脳がつくられ、自信を失っていきます。

逆境 ≫ 「何かの間違いだ」と否定 ≫ 脳があきらめることに慣れてしまう

逆に、同じような逆境が目の前に現れたときに、効果的なのは

「何に気づけということなのか？」
「何を学べということなのか？」
「どこを成長しろということなのか？」

という問いかけをすることです。

起きたことを受容することが大事なのです。

そうすると、挑戦していこうという気持ちが湧いてきます。

その結果「成長する」という大きな資産を手に入れ、自信を得ることができます。

先の例にあげた髙木菜那さんも、ケガを受け入れ、練習できないことを受け入れていきました。

そして、選考会まで他のレースに出場できないことを受け入れたからこそ、

「では選考会までに何をすべきか」を考え、身体を使った練習ができないのであれば、脳を使ったイメージトレーニングを徹底することを決意しました。

それがオリンピック初代女王となったマススタートの大逆転劇につながりました。

できないことに目を向けるのではなく、「今できること」に目を向けたのです。

そのためには、まず起きたことを受容することです。

こどもが大ピンチや壁に遭遇してあきらめかけているとき、

「何に気づけというサインかな？」

といった問いかけで、こどもが挑戦しようという気持ちを引き出してあげて下さい。

今できることに目を向けてあげる

こどもが逆境にいるとき…

✕ これはやばいね

✕ どうしようもないよ

✕ 仕方ないな

拒絶しない

◎「何に気づけというサインかな？」

今からできることに目を向けてあげる

Mentre from 4

言葉や動作で心を切り替える

脳は出力を強く信用する

ピンチや逆境になったとき、

「あ～最悪だ」

「やってらんない」

「なんで？」

などとマイナスの言葉を口にしてしまう。

さらには、

・下を向いてしまう

・がっくり肩を落とす

・はぁ～とため息をつく

といった動作をしてしまうことがあります。

実際に、口にしてしまったり、動作をしてしまったりすると、脳はその出来事を強く記憶してしまうという性質があります。

目の前に起きたことは単なる事実なのに、そのときに口にした言葉、やっている動作で、脳は快か不快かを判断してその出来事と一緒に記憶します。脳は、

思っていること ＜ 実際の言動

を信用します。

例えば、「試合で負けた」ときに「最悪だ」と言ってがっくり肩を落とす。

そうすると脳は、試合で負けることはマイナスの出来事だと判断して強く記憶するのです。親や指導者も、こどものこんな言葉や動作を見ると、つい、「そんなこと言ってないで、次がんばろう」とか「何ため息なんかついてるの。しっかりしなさい」などと批判しがちです。

実は、親や指導者からの言葉は、こどもの脳にとっては入力になります。

脳科学においては脳は入力よりも出力を強く信用する、という法則がありま す。だから、いくら言葉で励ましても、笑顔で話しかけても、その子が「やっぱり無理」と口にしたり、下を向いて話している状態だと、その子の脳はマイナスだとしか記憶しないのです。

つまり、いくら入力がプラスでも、出力がマイナスであれば、脳はマイナスになるということです。

ではどうしたらいいのかというと、こどもの出力をプラスにしてもらいます。

・「次がんばっていこう」と笑顔で口にする
・「次こそやってやる」とガッツポーズをしながら口にする
・「ここで終わってたまるか」と真剣な表情で口にする

例えばこんなふうに出力をしてもらいます。

これは思っていなくてもいい、ウソでもいいのです。脳は思っていることよりも口にしている言葉や動作を強く信用するという脳の法則を活用してください。

ぜひ、こどもと一緒にやってみて下さいね。

言動のプラス化

ピンチの時にこどもに言いがちな言動

何ため息ついてんだ

次がんばろうぜと熱く語る

のではなく

こどもの出力をプラスにしてもらう

（笑顔で）がんばっていこうと言ってもらう

「次こそやってみよう」とガッツポーズ

など、

脳をマイナスからプラスにもっていく

Mentre from 4

切り替え動作を決めておく

何度も繰り返してきたことは無意識に反応する

叱られたり、ミスをした時、こどもは「なんで自分だけ」と思い（入力）、「やってられない」と口にする（出力）ことがあるものです。

咄嗟にこのような言葉が出るのは、これまでも同じような入力と出力をしてきたからです。

何度も繰り返してきたことは、脳の習慣になり、無意識に反応するようになるのです。

だから、意識をして言葉や動作を変えてもらいます。

「なんでだよ」「くそ」とほぼ反射的に出力してしまうマイナスの言葉や動作は

コントロールできませんが、意識して言葉や動作を変えることはできます。

そして脳は入力よりも出力を強く信用します。

これを活用して、例えばこんなふうにしてみます。

練習でミスをした際に「やってしまった！」と口にし、下を向いたら、
そのあとに「よっしゃー次こい！」とガッツポーズをする。

試験で良い点がとれなくて「ダメだこりゃ」と口にし、頭を抱えたら、「まだまだこんなもんじゃない！」と自分で顔を叩く。

親や指導者に叱られたとき「やってられない」と口にし、物を投げつけたら、「よし、ここからだ！」と口にし、バシッと手を叩く。

脳は後を記憶します。

マイナスの言葉を口にしたり、動作をしても、その後でプラスの言葉を口にする、動作をすることで、脳は後の言葉、動作を記憶するのです。

もう一つポイントをお伝えすると、目の前の出来事に対する心の反応や口にする言葉、動作はコントロールできないわけですから、前もってそのときにどんな言葉を口にして、どんな動作をするのかを決めておくと良いのです。

こんなマイナスの言葉を口にしたら、このプラスの言葉を口にする。

こんなマイナスの動作をしてしまったら、このプラスの動作をする。

マイナス言葉・動作をしてしまったら

↓

プラス言葉・動作を発する

これが〝切り替える〟ということです。

切り替えるとは、心を切り替えることです。

心そのものは瞬時の反応ですのでコントロールできません。

しかし、その際に前もって決めておいた出力をすることで心をコントロールするのです。脳科学に基づいた活用法をぜひ実践してみて下さい。

切り替えの動作を決めておく

マイナスの言葉を口にするのは仕方ないから…

やってしまった

こりゃダメだ

最悪だ

**すぐにプラスの言葉を言うことで、
心がプラスの状態に落ち着く**

よし、次こい
とガッツポーズ

まだまだだ
と顔を軽く叩く

今のナシ
と言って
手をふってみる

脳はあとからの言葉や動作を信用する

Mentre from 4

「喜ばせたい人の笑顔」をイメージする

プレッシャーを跳ねのける方法

全国大会出場をかけた試合、大事な場面での発表、第一志望の受験など、こどもたちにとって強烈なプレッシャーを感じる場面があります。

プレッシャーを感じる理由は、失敗に対して恐れがあるからです。

このとき、本来の力を出すためには、どこに意識を向けるかということが大事です。

これまでも「できない」ではなく「できる」に意識を向けようと述べてきましたが、緊張感やプレッシャーを強烈に感じているときには、ほとんど機能しないといってもいいでしょう。

「失敗したらやばい」ということは自分だけに意識を向けてしまっているということです。そうするとプレッシャーに押しつぶされてしまいます。

「失敗したらやばい」
↓
自分だけに意識が向く
↓
プレッシャーが続く

そんなときは、**「決めなければ」「失敗したらやばい」と自分に意識を向けるのではなく、「喜ばせたい人の顔を思い浮かべてみよう」と伝えています。**

2016年リオデジャネイロ・オリンピックの女子レスリングで、〝奇跡の金メダル獲得〟と言われた登坂絵莉さんは、「いつもやめたかったし、いつも逃げ出したかった」と。ただ、こんなふうにもインタビューで語っています。

「やっぱりいろんな人の顔が浮かんで…(一部省略)。一番は応援に来てくれて、ずっと弱いときから信じてくれた家族ですね。もうここしかないと思って、これで取れなかったら後悔すると思って取りました」(「REAL SPORTS」より)

心から喜ばせたい人の存在が、挑む勇気を与えてくれるんですね。

トップアスリートたちが堂々と自分のプレーを貫けるのは、応援する人の姿を思い浮かべているからでもあります。

こどもに

「この人の喜ぶ顔が見たいっていう人は誰？」

と問いかけてあげましょう。

そして、

「その人がここぞというときに力を与えてくれるよ」

と伝えましょう。

このように、こどもがプレッシャーを感じている時は、喜ばせたい人に意識を向けるような声かけをおこなってあげましょう。

決して喜ばせたい人が自分じゃないからといって、落胆しないようにして下さいね。

喜ばせたい人の笑顔をイメージ

この人の喜ぶ顔が見たいって人はいるかな？
○○かな
その人がここぞという時に力をくれる人だよ
ピンチの時はその人の笑顔をイメージしてみて

Mentre from 4

「感謝の気持ち」のすごい効果

「いま」に集中するために

喜ばせたい人が見えると何がいいのかというと、

喜ばせたい人

＝

感謝したい人

だからです。

私がサポートしている中学校や高校の部活動でも、喜ばせたい人を書き出してもらいます。

そして、「なぜ喜ばせたいのか」という理由も併せて書いてもらいます。

するとそこには、その人に対する感謝の気持ちが書き綴られているのです。

・いつも早起きしてお弁当を作ってくれている
・小さいときから一緒にキャッチボールをしてくれた
・どんなときでも信じて応援してくれた

実は、この感謝の気持ちが、逆境やプレッシャーから解き放って、〝いま〟に集中できるように仕向けてくれるのです。

それには理由があります。

「モルヒネ」という強烈な鎮痛作用のある薬をご存じでしょうか。

激しい痛みなどを感じさせなくするもので医療の現場でも使われています。

実は、脳にはこのモルヒネと同じように鎮痛作用のあるホルモンがあるのです。

それが「**β－エンドルフィン**」と呼ばれるホルモンです。

β－エンドルフィンは、脳内麻薬と言われるくらい強い鎮痛効果を発揮します。

さらに、β－エンドルフィンには適度に分泌されれば覚醒作用があり、注意力や集中力を高める効果があることもわかっています。

もし、このβ－エンドルフィンを苦しい場面で利用することができたら、逆境でも肯定的に受けとめられ、その場面を楽しめるようにさえなりますよね。

実はβ－エンドルフィンは、「感謝すること」でも分泌されることがわかっています。

感謝する力を高めることが大事だということがわかりますね。

「『ありがとう』を伝えたい人は誰？」と問いかけてあげて下さい。

もしくは、感謝したい人を一緒に書き出していってみましょう。

決して自分の名前がなかなか出てこないからと言ってイライラしてはいけませんよ。

感謝をすると幸福感UP

ありがとう!

感謝すると脳から「β-エンドルフィン」がでて、
注意力、集中力を高める

ありがとうを伝えたい人は誰かな?

**こどもに感謝したい人を聞いたり、
一緒に書き出したりしてみる**

Mentre from 4

「感動」は心の栄養

映画や本から感動を得る

こどもたちに「どんなときに感謝してる?」と問いかけると、

・何かをしてもらったとき

・試合に勝てたとき

といった答えが返ってきます。これは間違いではありません。

しかし、逆境や壁を乗り越えるには、もう少しレベルの高い感謝が必要とされます。

例えば、

・苦しい環境のおかげで成長できた

・厳しかった環境に感謝している
・あのときのケガがあったからこそ今の自分がある
などと思えば、逆境や壁を乗り越える力になるわけです。

実は、この感謝力を身につけるには、重要なある能力が必要になってくるのです。

それが「感動力」です。

「最近感動したことは？」とこどもたちに問いかけると、

「特にない」

「感動しない」

「感動の意味がわからない」

なんて答える子がいます。ちょっとびっくりしますよね。

感動とは、「何かに強い感銘を受けて、深く心を動かすこと」です。

つまり、心が動かない子が増えているということなのでしょう。

そんな子に、「感謝しろ！」「親を喜ばせろ！」と言っても無理なのです。

ですから、感動力を養っていきたいですね。

感動力というと、実際に何かを経験しないとダメじゃないの？　と思われるかもしれませんが、脳が「感情を伴うイメージを現実なのか想像なのか区別がつかない」という性質を利用すれば問題ありません。

つまり、自分以外の誰かの体験であっても、それを見たり、聞いたりするだけでOKなのです。

例えば、「最近見た映画やTV番組、漫画や本で、『これは感動した』というものはある？」と問いかけると、

映画の「ONE PIECE」や「スラムダンク」を見て感動した。

サッカーW杯を見て感動した。

などという答えが返ってきます。

その次に、「どんなところに感動したの？」と深掘りしてあげます。

さらに「その感動から、自分の行動をどんなふうにしたらいいと思う？」と問いかけます。

感動を言葉にしていくことで、さらに感動を感じられるのです。

こどもに自分の感動したときの話もしてあげたいですね。

感動体験の機会を増やす

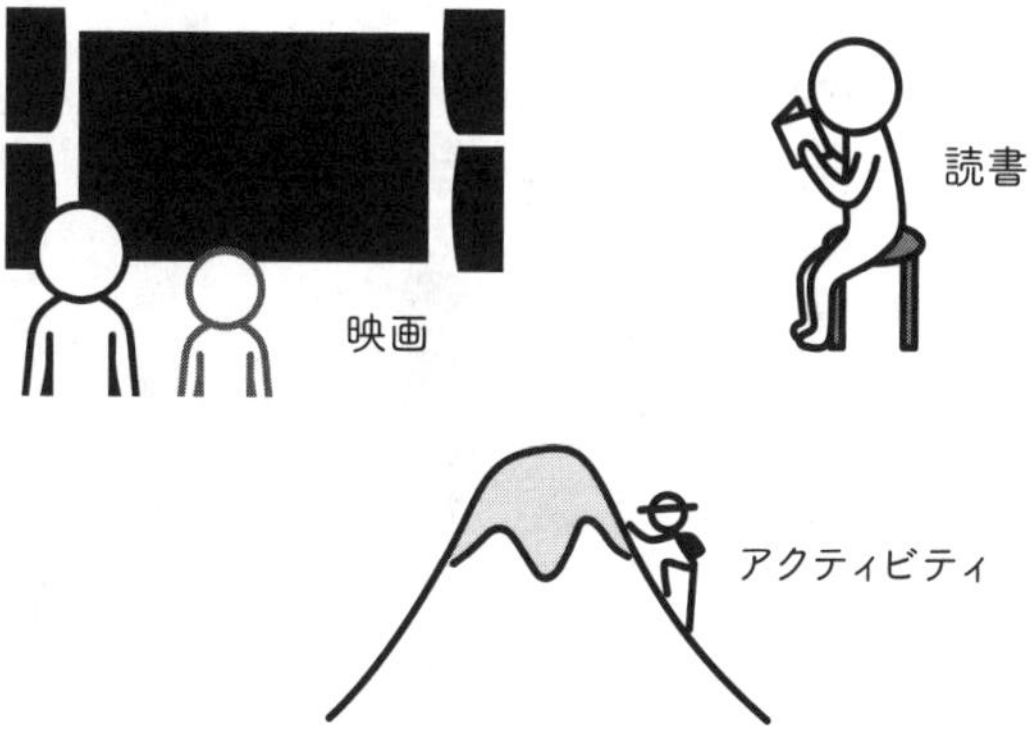
映画
読書
アクティビティ

積極的にこどもと一緒に
様々な体験をする

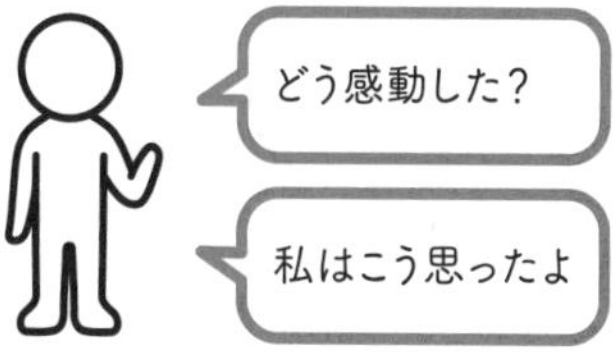
どう感動した？
私はこう思ったよ

日ごろから感動を共有していくことが大事

Mentre from 4

「逆境を乗り越えた自分」から見てみる

いまの環境の肯定的な側面を発見できる

逆境や苦難は人が成長する時に必ず起きるものですが、実際に直面すると、目の前の逆境や苦難に押しつぶされそうになることがあります。

そんなときは、**逆境を乗り越えて成長した自分から、現在の環境を見るように働きかけてみましょう**。

そうすることで、現在のマイナスだと感じている環境の肯定的な側面を発見することにつながります。

サポートしている学校の練習を見ているときに、先輩が後輩に「ここで踏ん張れ！」「そこが辛いけど頑張れ！」などと声をかけている場面がありました。

先輩は、先に経験してきているので、まだ経験していない後輩の気持ちがわかるのです。これは後輩にとって非常に心強い応援となるものです。

これを言葉がけに応用してみましょう。

まずは、**「このことを乗り越えて成長した自分はどんな姿になっている？」**と問いかけ、逆境を乗り越えて成長した自分を思い描いてもらいます。

このとき、**「そのときはどんな気持ち？」**と喜びの感情もしっかりと感じるようにします。

そして、**「成長した自分は、今の自分とどこが違うんだろう？」**と問いかけ、今の自分との違いを認識してもらいます。

さらに、**「成長した自分から、今の自分に声をかけるとしたら、どんな声をかける？」**と問いかけます。

最後に、具体的にどのような行動をとるのかを決めます。

このようにして、目の前の逆境に立ち向かうモチベーションをつくります。

スピードスケートの髙木菜那さんが足を痛め、練習もまともにできない、大会でも結果が出ないという苦しい状態のときがありました。

その時に私は彼女にこう伝えました。

「今は悔しい思いをしてもかまわない。この苦難を乗り越えた先に必ず幸福が待っているから」

この言葉が彼女の支えになったと新聞等で報道されました。

成長した将来の自分が、今の逆境を乗り越える大きな原動力になります。

ただ、逆境を乗り越えている自分がイメージできないということもあるかもしれません。そんなときは自分以外の人を参考にすればいいのです。

こどもに自分の逆境を乗り越えた話や、他の人の話を聞かせてあげるのもいいです。

その際は、先の問いかけの事例の中の「成長した自分」を他の人に置き換えて下さいね。

逆境を乗り越えた姿を思い浮かべてもらう

このことを乗り越えて成長した自分はどんな姿になっている？
そのときはどんな気持ち？
成長した自分は、今の自分とどこが違うんだろう？
成長した自分から、今の自分に声をかけるとしたら、どんな声をかける？

目の前の逆境に立ち向かう
モチベーションをつくる

Mentre from 4

進路に迷ったときには成長できるほうを選ぶ

「どっちがより成長できる？」と問いかける

ここまで逆境に対する対処方法をお伝えしてきました。

もうお気づきかと思いますが、成長には逆境や苦難が必要だということです。

こどもの進路をどうしようかと悩むことがあります。

もちろん私も例外ではありませんでした。

息子や娘の進路を決める際、こども以上に悩んでしまったことも。

こどもから「こっちのほうが楽だから」「こっちを選んだほうがやりやすい」などという言葉を聞くと、イラッとしたものです。

元メジャーリーガーの松井秀喜さんは、高校の進路を決める際に、地元の公立校ではなく、名門の星稜高校に進みます。

そして、プロに進む際も、あえて注目される読売ジャイアンツに入団。そのままプロ生活を終えれば指導者の道も用意されていましたが、海をわたってメジャーリーガーの道に進むことを決断します。

そしてニューヨーク・ヤンキース時代にワールド・シリーズを制覇しＭＶＰに輝きました。

そんな松井秀喜さんが進路を決める際の選択基準は、

「迷ったら、困難な道を選ぶ」

ということでした。

これまでお伝えしてきたとおり、逆境や苦難が人を成長させます。

「挑戦なくして成長なし」とは、挑戦すると必ず逆境や苦難が現れるので、それを乗り越えることで、成長した自分と出会えるということです。

ここで、私のこどもたちの話に戻します。

「こっちのほうが楽だから」と話すこどもたちに、**「どちらを選んだほうが、より自分が成長できると思う？」**と問いかけました。

すると、「成長するのはこっちでしょ」と困難なほうを選びました。
結果的には、二人とも難しいとされていたところに入学できました。
このとき、こどもたちの成長を感じたのは言うまでもありません。
「困難な道を選ぼう」と言っても、それはやはり難しいですよね。
ですから言葉を変えて

迷ったら、より成長できるほうを選ぶ

ということを促していきましょう。

もちろん、親や指導者であれば、こどもと同じように、より成長するほうを選んでいると思います。

楽ばかりしてしまう子には…

困難なことにチャレンジしよう

ストレートに伝えるのではなく

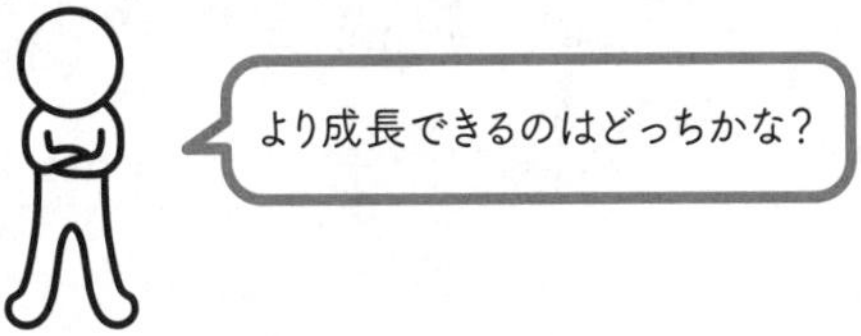
より成長できるのはどっちかな？

こどもに選んでもらう

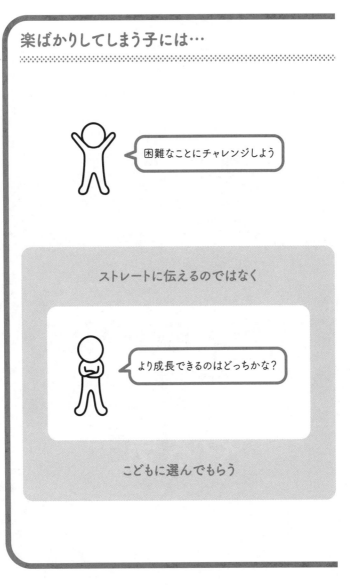

Chapter

5

やる気

こどものやる気に火をつけるための
効果的なテクニックを
ご紹介していきます。

Mentre from 5

「小さなお祝い」を習慣化する

定期的なご褒美のすごい効果

「良い成績をとったら、ほしいと言っていたゲームを買ってあげるよ」

なんてこどもに言うと、一心不乱にがんばろうとしますね。

こどもの行動を促すために、やっていることに関心をもち認めてあげるのは大事なのですが、やっぱり良い結果のときにご褒美があると、次もがんばろうという気持ちになります。

これは何かを買い与えるといった、金銭や物欲を満たすことばかりとは限りません。

「成績が上がって良かったね。お父さん（お母さん）も嬉しいよ」

「試合に勝って嬉しいね。活躍できて良かったね」

などと満面の笑みで伝えて上げて下さい。

こどもは言ってくれた言葉も嬉しいですが、実は満面の笑みのお父さん（お母さん）の顔を強く記憶します。

脳は入力の際、言語などの聴覚情報よりも目で見る視覚情報の方が記憶に残りやすいからです。

例えば、初対面の人の名前を憶えていなくても、顔を見たら思い出すということがありますね。

だから、良かったことは満面の笑みで伝えましょう。

そうすることで、またお父さん（お母さん）の笑顔が見たい、と思ってこどもはがんばります。なぜがんばれるのか、それは笑顔を見たいからなのです。

ここでのポイントは、小さなお祝いを多くしてあげるということです。

お祝いの回数を増やすのです。

だから行動を小さい単位にまで落とし込んでおくといいですね。

例えば野球で、「試合でヒットを打つ」という結果をつくるために、毎日

100回の素振りをするとします。

このまま試合の日まで放っておくと、いつの間にか素振りをしないでゲームの日を迎えてしまうことがあります。

そのときに「素振りはどうしたの？」「やるって言ってたじゃない」「決めたことはちゃんとやりなさい」などとまくし立てて、さらにこどものやる気を失わせてしまっていませんか？

「やりなさい」と言われてやることは、すべて義務感になってしまいます。

「しなければ」と義務感を感じていることは続きません。

「やりたい」という気持ちをつくりたいですね。

そこで、例えば一週間に一回（週末など）報告会をしてみます。

もし、毎日100回の素振りが一週間続いたらお祝いをします。

こどもの好きな食べ物をつくってあげる、家族みんなで笑顔で拍手をしてあげる、といったことでOKです。

ダメ出しが習慣になっているのではなく、お祝いが習慣になるといいですね。

小さなお祝いを習慣にする

お祝いの回数を増やそう

例えば
試合でヒットを打つために
「素振りを毎日100回する」

1週間に一度
報告会を行う

小さなお祝いを多く行おう

Mentre from 5

背中を押してあげる「リクエスト」

先延ばしを止めるために

こどもが「勉強がんばるぞ」「よし練習やろう」という気持ちになった際に、「いつからやる？」と聞いてみて下さい。

そうすると「明日からね」なんていう言葉が出てくることがあります。

「明日からかい」ってツッコミたくなりますよね。

「明日から」と行動を先延ばしにするということは、「難しい」とか、「面倒なことだとか感じている証拠なんですね。

特にこどもは「勉強」や「練習」に対してこのように脳が不快に感じていることが多いです。

そして、この先延ばしを繰り返すと、脳は不快の条件づけを強化していきますので、ますます「勉強嫌い」「練習嫌い」になってしまいます。「今すぐできること」を考えて、すぐに行動を始める習慣を身につけてほしいですね。

そのために、やる気になり、明確になった行動が「絵に描いた餅」とならないように、こどもの背中を軽く押してあげます。

最初に行動を起こすことには不安が伴うので、こどもを勇気づけて、自信を持たせます。

最初の一歩を踏み出すことは、最も大きなエネルギーを必要とするからです。

その際にコーチングのスキルでもある**「リクエスト」**を使います。

こどもを勇気づけて、行動を後押しするのです。

先の例でいうと、こどもが少しでもやる気を見せたときに、「今日からやってみようか」「お父さん（お母さん）もやるから一緒にやろう」などと、こどもが考えていることの少し上をリクエストするのです。

他にも

「今よりも10分早くできるようにやってみようか」

「あと10回増やしてみるともっとレベルアップするよ」

「朝起きたときに『今日もやるぞ！』と言ってみようか」

などと、やってほしい行動をストレートかつ明確にリクエストすることもできます。また、

「大丈夫！　きっとやれるよ！」

「君ならできる！」

「やると信じているよ！」

といった励ましの言葉も良いですね。

さらに、

「約束しよう。いつまでにやる？」

「やったら教えてね」

と約束をして行動を促すのも効果的ですよ。

ただし「必ずやれよ」と命令口調になるのはNGです。義務感でやらされている感情になります。「絶対できるよ」と勇気を与えて下さいね。

リクエストをする

こどもが考えていることの少し上を
リクエストするのがポイント!

「必ずやれよ」など命令口調はNG

Mentre from 5

「恐怖」と「願望」の問いかけを行う

行動のフォローアップが大事

実は、行動を促した後が大事なんです。

行動のフォローアップが、その後の行動を決めてしまうと言っても過言ではありません。

行動できたときは、まず行動したことを認めましょう。

「ちゃんとできたね」「やれると思ったよ」などと言ってあげるといいですね。

ポイントは、結果よりも行動に関心をもつということです。

「成績が上がった」「試合に勝った」は、結果を評価していることになります。

結果は良い結果もあれば悪い結果もあります。

良い結果であればいいのですが、悪い結果だとほめることができません。

それよりも「勉強できていた」「しっかり練習していた」という行動に関心をもって伝えて上げて下さい。

ただ、行動できていないケースはどうしたらいいでしょうか。

その際は、「そうか」と一旦受け止めてから、何が障害になったのかを質問していくといいですね。

実は、行動しない理由は、行動後の結果について肯定的に思えていないか、行動しなくても困らない（現状を変えないことを脳が快と判断している）からです。

そんなときは、「このまま行動しなかったらどうなる？」という問いかけをしてみます。これを「恐怖の問いかけ」と呼んでいます。

これは、どんなデメリット（悪いこと）があるのかを気づかせるための問いかけになります。

そして、回答に対して「そうなったらどうなる？」と追い打ちをかけます。最悪のシナリオを描かせるのです。

「このまま行動しなかったらどうなる?」

＝

恐怖の問いかけ

その上で、「行動したらどんな良いことがあると思う?」と問いかけます。

これを「願望の問いかけ」と呼んでいます。

これは、行動することでどんなメリット（良いこと）があるのかを気づかせるための問いかけになります。

今度は、実現して喜んでいる将来のシナリオを描かせるのです。

「行動することでどんなメリットがある?」

＝

願望の問いかけ

恐怖と願望の2つの問いかけをかけあわせましょう。

そうすることで「惨めなのは嫌だ。絶対にやってやる!」といった感情のレバレッジを働かせることができますよ。

フォローアップをしよう

結果よりも行動に関心を持つ

成績上がったな
試合に勝ったな
勉強できていた
練習できていた

行動できていないときは

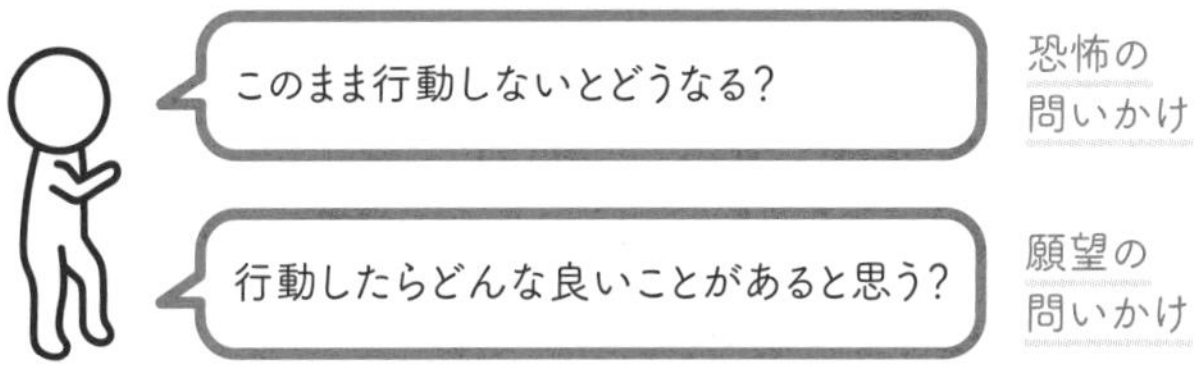
このまま行動しないとどうなる?
恐怖の問いかけ
行動したらどんな良いことがあると思う?
願望の問いかけ

「恐怖と願望」2つの問いかけを行ってみる

Mentre from 5

決めたら、動ける

明確な目標の大切さ

「何に対してもやる気が起きないんですが、どうしたらいいですか？」

中学校での講演の質問タイムでこんな質問が出てきました。

全校生徒や先生方の前でこの質問をする勇気がすごいなと。おそらく、こんな自分をどうにかしたいと清水の舞台から飛び降りる覚悟で手を挙げたんだろうなと思いました。

「逆に質問してもいいかな？」

と前置きをして許可をもらった上で、

「何か目標とか、目指しているものはあるの？」

「特にありません」

やっぱりね。

そもそも、やる気（＝やろうという積極的な心の動き）は、目指すものがあるから湧き起こるものです。

先の質問の生徒に

「旅行に行くとき、行き先を決めないで行こうとする？」と聞くと、

「それはないですね」と。

「それと一緒だよ。人生も旅行なんだよ。まず行き先を決めてみよう。そうするとそこに向かおうという気持ちが湧いてくるよ」と伝えると「はい、わかりました」と笑顔で答えてくれました。

行き先は「目標」と言い換えることができます。

目標は「目で見える標し」と書きます。だから、到達したかどうかがわかるように表現することが大事なポイントです。

「目標がないより、ある方がいいですよ。アプローチしやすい。モチベーションになるわね」

これは、代打でのシーズン最多安打まであと2本に迫ったときのイチローさんの言葉です。

目指すものを明確にする、それが目標です。

行き先を決めるわけです。そう、決めるのです。

例えば、高校野球でも、「たまたま高校で野球をやっていたら、甲子園に出場してしまった」なんてことはありません。

甲子園に出場する！　甲子園で勝つ！

という目標があるから、それを得るために毎日厳しい練習ができるわけです。

金メダリストの髙木菜那さんも
絶対！　金メダルをとる！

と決めて、右膝のケガと戦いながらも厳しいトレーニングに取り組むことができたのです。そこに到達すると決めることから始まるのです。

ぜひ、こどもと一緒に目標について考えてみて下さい。

もちろん「お父さん（お母さん）の目標は何？」と聞かれたら、答えてあげて下さいね。

やる気の源泉は「目標」

やりたいことを見つける

↓

目標を明確にする

↓

やる気がでてくる

行き先（目標）を親子で一緒に見つけていく

Mentre from 5

目的はガソリンになる

納得することが行動の条件

サポートしている高校野球部に、

「目標は何？」

と聞くと、全員で「甲子園に出場することです！」

と明確に答えてきます。さすがに目標ははっきりしているようです。

「じゃあ、なぜ甲子園に出場するの？」

と目的を聞くと、みんな一様に回答に困ったような顔をします。

目標をつくることは大切だ、ということをお伝えしましたが、目標と同時に目的も明確にしたいですね。この目的が明確になっていないと、

・そこそこで満足する
・すぐ諦めてしまう
といったことになります。こんな状態になっているときは、エネルギーが足りていないということです。車で例えるならガス欠状態ですね。

人間にとってガソリンは、「何のために」という目的になります。

そして、目的を問う質問が「なぜ～なのか？」という問いかけです。

「なぜ、この競技をしているのか？」

「なぜ、勉強をしているのか？」

私たちの脳は、すべての問いかけに答えを出そうとします。

「なぜ～なのか？」と問いかけると、「なぜならば～だからです」という答えを出してきます。

何のために、誰のために、を考えることがエネルギー、つまりやる気につながるわけです。自分で問うこともいいのですが、できれば他人からの問いかけが効果的です。自分以外の人から問われると、全力で答えを出そうとするからです。

また、最近のこどもたちの傾向として、目的が明確ではない、つまり納得できていないことには、やる気が起きないという傾向が見て取れます。

これは、SNS等で簡単に情報が手に入る時代で育っているので、親や指導者が言っていることが正しいことなのかどうかをSNSでの友達とのやり取りや、Webの記事、YouTube等で情報を得てしまうのです。これは良いとか悪いとかの問題ではなく、そういう環境で育っていることを理解しなければなりません。

なので、何かに取り組むませたい時には「なぜそれをやるのか」という目的、意義を事前にきちんと説明することが重要になります。

これからやってもらう行動には、どんな意味があって、どんな価値があるのかを納得してもらうということです。私たちも納得できていないことを、「とりあえずやれ」と強制されたら嫌な気持ちになりますよね。

何らかの行動をした後に、結果から軌道修正を行なう「フィードバック」をすることは重要です。しかし、これからは、行動する前に行う**「フィードフォワード」**を丁寧にしてみることをオススメします。

目的はガソリン

目標と同時に「目的」も大事

目的がない場合

- そこそこで満足する
- そもそも意欲が見えない
- すぐ諦めてしまう

目的＝ガソリン

「なぜ～なのか？」の問いかけをすると、
脳は「なぜならば～だから」という答えを引き出してくれる

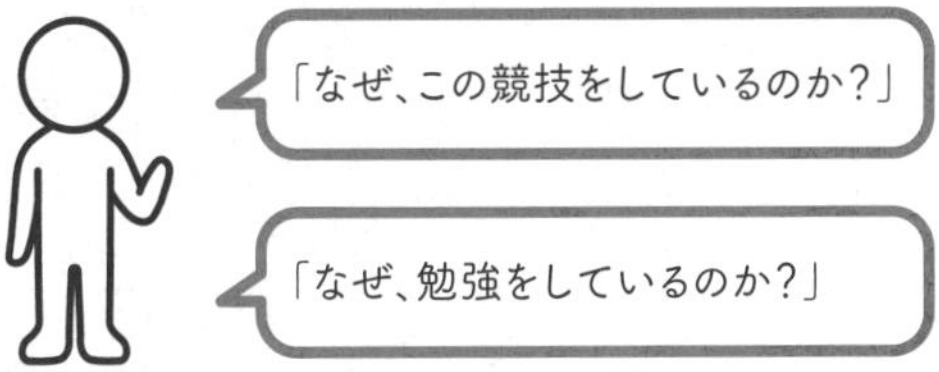
「なぜ、この競技をしているのか？」
「なぜ、勉強をしているのか？」

**目的を明確にすると、
これからの行動に納得感が出る**

Chapter 6

パートナー

こどものよきパートナーになるために、
絶対に忘れてはいけないことを
お伝えしていきます。

Mentre from 6

不満はYES、BUTで受けとめる

不安と不満の使い分けが大事

「ピッチャーがちゃんと投げないから試合に負けたんだ」

と

「自分が大事なところでヒットを打てなかったから負けたんだ」

どちらも野球の試合に負けたことを表現しているのですが、ちょっとニュアンスが違うことにお気づきになると思います。

前者は「不満」を言っており、後者は「不安」を言っているのです。

不安と不満は違います。これを聞き分けることが重要なのです。

「ピッチャーがちゃんと投げないから試合に負けたんだ」という言葉は、「自分は悪くない。悪いのはピッチャーだ」と言っているわけです。

不満は、自分以外のことを言っているのです。

不満をずっと親身に聞いていると、どんどんその子の不満の思いが強くなるので注意が必要です。

しかも「親はわかってくれた」「監督は理解してくれた」などと他責にしている自分を肯定し始めます。

このままでは「あれが嫌」「この人と一緒だからダメ」などと不満ばかり言うようになって、できないことを他責にする習慣が脳にできあがってしまいます。

だから、**不満は聞いてはいけない**とお伝えしています。

もし、こどもが不満を言ってきたら「そうなんだ」と、とりあえずそのように思っているということを受けとめた後に、「でもな…」と諭すことが有効です。

まずはYesで受けとめ、Butで返すのです。

不満＝YESで受けとめ、BUTで返す

逆に、不安は自分のことを言っています。

「自分が大事なところでヒットを打てなかったから負けたんだ」という言葉は、「自分のせいでチームに迷惑をかけた」ということであり、裏を返せば「チームに貢献したい」という気持ちの表れでもあります。

だから、その気持ちをしっかりと受けとめながら話を聞いてあげて下さい。

実は、不安な気持ちはダメなわけではなく、不安があるからこそ、「もっとがんばろう」「まだまだこんなもんじゃない」と努力することができるのです。

不安＝よく聞いて受け止めてあげる

その昔に「モンスターペアレント」という言葉が流行りました。

こどもの言い分だけを聞き入れて、学校に苦情を言ってくる親のことです。このときのこどもの言い分は大概、不満を言っているはずです。

親としての、人としての姿勢が問われますね。もちろん、学校側やチーム側に非がある場合は別ですよ。

不安と不満を聞き分ける

不満は聞いてはいけない

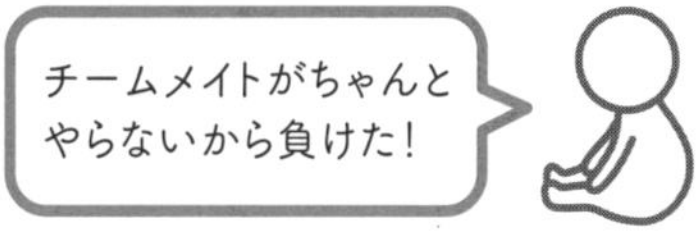

不満は「自分以外」を言っている
普段からできないことを他責にするようになってしまう

YES、BUT
で返す

不安は自分のことを言っている

不安を言っているときは気持ちを
しっかり受け止めながら話を聞く

Mentre from 6

反抗期にやってはいけないこと

親の関心をひきたいこども

小学校高学年くらいから、いわゆる反抗期に入る子もいます。

これはこれで正常な成長過程ですから、親の姿勢が問われることになります。

飯山も親として体験してきました。

そもそも、こどもは**親の関心を自分に向けるために反発している**のです。

「何やっているんだ！　とひっぱたいてやりました！」

サポートチームの保護者の方との懇談の場で、声高らかに話をするお父さんがいました。

しかし、このお父さんのこどもを見ていると、なるほど、と思えることが多くありました。

親の子に対する態度がますますその子を意固地にさせていたんです。

結局のところ、こどもにしてみたら、信頼されていないと感じますので、ますます関係性がこじれていきます。

しかも尊敬しているお父さんから信頼されていないと感じると「もうどうでもいいや」と半ば開き直り、自暴自棄になってしまうこともあります。

かくいう私も以前は息子に対して同じような態度でした。

だから息子はますます私に反発するようになるんですね。
P.58でも「怒る」と「叱る」についてお伝えしましたが、**反抗してくる子に対する親の感情はほとんど「怒り」になっている**と思います。
ここで「怒り」についてもう少し解説してみたいと思います。

そもそも、怒る理由を考えてみてほしいのです。

おそらく、自分のことになっているはずです。

飯山の当時のことを振り返ってみてもそうでした。

世間体が気になる、はずかしい、こんな子のはずじゃなかった、など全部自分に意識が向いているんですね。簡単に言うと保身です。こどもに意識が向いてないのです。

こどもに意識を向けて、こどものことを第一に考えていると、必ず理由があることがわかります。

例えば、サポート校での講習の際、考えを話してもらおうと選手を指名すると、何も話さずじっと貝のように閉じこもってしまう子がいます。

こんな場合でも、答えないからダメだと決めつけるのではなく、「わからないのか、話したくないのか、教えてもらえたら嬉しいな」とその子に言います。どんな回答でもいいのです。

とにかく自分で決めて何らかの反応をすることを促します。

感情を外に発散するタイプもいれば、内にこもってしまうタイプもいます。親や指導者は、自分の感情のコントロールが大事なポイントになるのですね。

こどもに意識を向ける

保身をしない
はずかしい
こんなこのはず
ではなかった
こどものことを第一に考える
どうしたいのか
おしえて
一緒に
考えようか

Mentre from 6

夫婦仲が悪いとこどもに影響が出る

家を安心、安全な場にする

「こどもが学校に行かず引きこもってしまいました」

こんな悲痛な相談もあります。

実は、こどもに何かが起きる原因の殆どは親にあるということです。

これは科学的に因果の関係を立証することはできませんが、飯山の体験からもそう言えます。

結婚してこどもが生まれてからの約10年は、経済的にゆとりがなく、心にもゆとりがなくなり、家庭が殺伐とした時もありました。

こどもの教育のことで夫婦間で言い合いになることも。

そうすると、こどもたちの学校での問題行動が表面化してきました。

夫婦間の心の状態はこどもに多大な影響を与えます。

子は親の心を映す鏡である。

という言葉がありますが、飯山家はまさにそうなりました。

では、どのようにして乗り越えてきたかというと、ポイントは妻（夫）への姿勢です。

具体的にいうと、妻（夫）への言葉がけ、態度や行動です。

そして、これが最も自分の度量が問われることでもあります。

こどもに対する姿勢の話をこれまでお伝えしてきましたが、こどもの心の根っこにあるのはやはりお父さんとお母さんのことなのです。

夫婦の仲が良い家庭で、こどもが悪くなることはないです。

これはＰＴＡ役員を長年務めましたのでよくわかります。

こどもに問題が起きた時、大概夫婦間で何かが起きています。

さらに、こどもはお母さんを見ています。

お母さんが、毎日明るく楽しく過ごしていればこどもは安心し、心も穏やかで安定します。

逆に、お母さんが悲しい顔をしていたり、不満や不安ばかり口にしていると、こどものこころに波風が立ち始めます。

PTA向けの講演でもこの話をします。

だから、お母さんがいつも笑顔でいることが大事なんですよと。

では、お父さんはというと、お父さんはあまり関係ありません。

というのはウソでして、お母さんを笑顔にするのが、お父さんの役割ですよ、と話をします。

つまり、こどもにとって家を安心、安全な場にしておくこと。

これがこどもの成長にとって、とっても大事なことになるのです。

夫婦仲を大事に

親が明るく楽しく過ごしていると
こどもも安心して心が穏やかになっていく

家が安心の場だと
こどものメンタルも安定しやすい

Mentre from 6

結局、親が「やっていること」を見ている

教育ではなく、共育という考え方

「見ているとイライラして、つい怒ってしまいます。本当は怒りたくないんですが…」

親御さんや指導者の方からこんな相談をされることが多いです。

最初はやさしく言っていたのに、こどもや選手の態度を見てイライラのスイッチが入ってしまい、つい、言わなくて良いことを言ってしまうことがあります。

「ちゃんとしないと、後で後悔するよ」

そう言った後に自分が後悔しますよね。

よく、

こどもを見れば、親がわかる。
部下を見れば、上司がわかる。
選手を見れば、指導者がわかる。

などと言われます。結局のところ、育てたように育っているということです。
こどもが怒らないとやらないのは、怒ってやらせてきたから。
選手からの信頼がない指導者は、選手を信頼してこなかったから。
本気で取り組んでくれないのは、自分が本気で取り組んでいないから。
なんですね。

こどもに勉強してほしいと思えば、親も勉強する姿を見せること。
人にやさしくしてほしいと思えば、親がこどもにやさしく接してあげること。
人生を楽しんでほしければ、親が楽しんで人生を歩んでいる姿を見せること。
我が子になってほしい姿に、親がなればいいのです。

私自身の子育てを振り返ってみても、まさにその通りだと思います。
「子は親の心を実演する名優である」という言葉は、親子の関係をズバリ言い表しています。

こどもや選手にどのようになってほしいかということを、自分自身が実践しましょう。こどもは、言ってることは聞いていません。

親や指導者がやっていることを見ています。

子育ては忍耐力との勝負です。わかりやすく言うと、「待つ」ことです。

人を育てられない人の特徴は「待てない」のです。

「期待」という字を分解すると、「期が来るのを待つ」と書きます。つまり、その時が来るまで待つ姿勢をもつことです。そのために心の余裕がほしいですね。

どんなことが起きても受け止める度量もあるとなお良いですね。

「人は鏡　万象は我が師」という言葉があります。

自分の身の回りに起きるできごと、他人の振る舞いは、自分の心や振舞いを反映する鏡であるということです。身の周りに起こる現象は、自分を教え導く師匠だと思って、親としても成長していきたいですね。

私は、教育ではなくて〝共育〟なんだなと思います。

こどもを育むと同時に、親も育まれていく。

こどもと共に親としても成長していくということですね。

親が「やっていること」が大事

- こどもを見れば、親がわかる
- 部下を見れば、上司がわかる
- 選手を見れば、指導者がわかる

自分の子になってほしい姿に
親も近づいていく

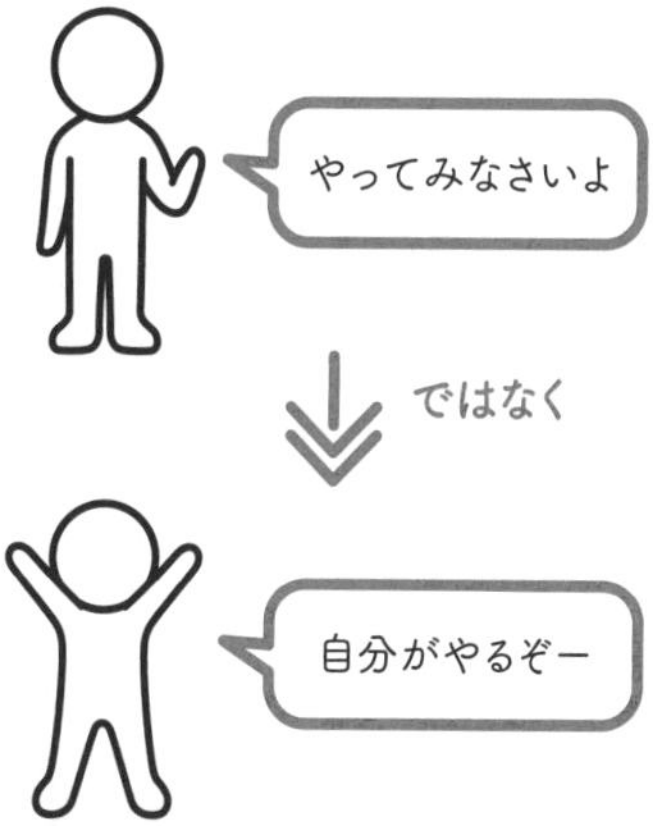

いっていることよりも
やっていることが大事です

Mentre from 6

「見守る姿勢」を大事に

ピグマリオン効果を活かす

「何を言ってもやる気になってくれない子にどう接したらいいのでしょうか」

ＰＴＡ講演会の質問タイムに親御さんからこのような相談がよくあります。

「ほら、また勉強もしないで…」

「やるって言っていたのに、全然やっていないじゃない」

「取り組む姿勢がなっていない」

「何度も言っているのにわかっていない」

そもそも、こんなふうにあれこれ言うということは、その子を信頼していないということです。

だからこどもや生徒もそのことを実現しているに過ぎないのです。

人は期待されると、その期待に応えようとする傾向がある。

これを「ピグマリオン効果」と言います。

このピグマリオン効果によると、

「きっとやれるようになる」

と信じて見守ることが大事だということがわかります。

スポーツの場面でも指導者が、指示命令ばかりしていたら、選手たちは主体性が失われて、言われたことをやろうとするだけの選手になってしまいます。

しかし、指導者が選手たちを信じて見守る姿勢を見せた時、選手たちは主体的に動ける選手になっていきます。

その結果、奇跡の大逆転劇が起きたり、数十年ぶりに優勝できたりするチームが生まれてきました。

ただし、ただ見守るだけではなくて、少しでも変化があれば、すかさず全力でほめる。

何か相談があったら全力で応えてあげる。

「親」という字を分解すると、「木の上に立って見ている」という字になっています。

だから、ちゃんと見ていることが重要ですね。

見守ることに関連して、親があれこれ手を貸し過ぎるという問題もあります。

良かれと思って、手を貸す、やってあげる、ということになると思うのですが、それをやると、結局親が助けてくれると思い、こどもが苦難を乗り越えて成長する機会を奪ってしまう可能性があります。

そして、失敗や苦難に対する免疫力がなくなり、すぐに折れてしまうような子になってしまいます。

これも「必ず立ち直ることができる」と信じて見守る姿勢を持ってみましょう。

私も親として、これの連続でした。

こどもを信じる

こどもを過保護にしすぎない

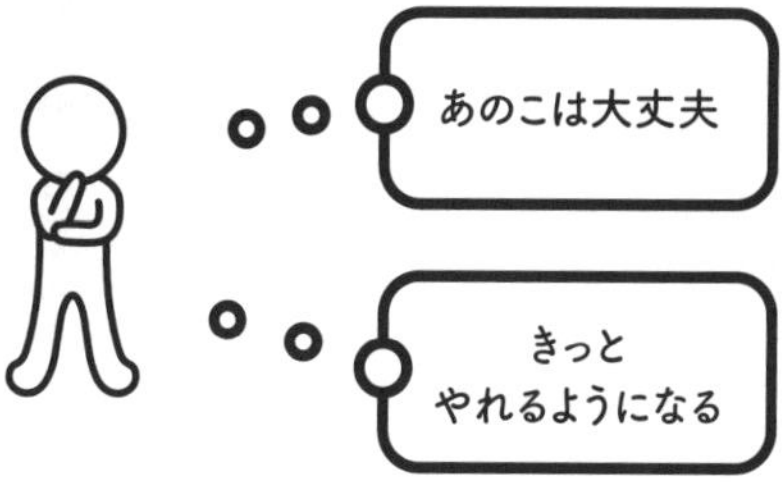
あのこは大丈夫
きっと
やれるようになる

こどもに良い変化があったら全力でほめる

あなたは
すごいね!

こどもが苦境に立たされているときは「必ず立ち直ることができる」と信じて見守ることも重要

おわりに

人生の志を立てる

夢があるのとないのとでは、人生の歩み方が変わります。

夢があると、自分の人生をより良くするためにワクワクしながら過ごせます。


そしてもう一つ。

さらに、より良い人生にするために「志」があります。

自分は世の中にどのようなお役立ちをするか、人や社会のためにどのように貢献するかを考えることです。

夢を持つことは大事です。

しかし、そこに志がないと「自分のことだけ」になってしまいます。

自分はこれを実現していこうというのが「夢」

自分はこういった人間になろうというのが「志」

一部の地域においては「立志式《りっししき》」という行事を実施しているところもあります。

私が住んでいる石川県金沢市の中学校でもいくつか実施しています。

立志式とは、日本で古くより行われていた成人式にあたる「元服《げんぷく》」にちなんで（数え年の）15歳を祝う行事です。

「参加者は、将来の決意や目標などを明らかにすることで、大人になる自覚を深める。」と辞書にあります。（三省堂大辞林より）

古くの成人式でもある元服は、数えで15歳頃の立春に行われていました。

「元」は首の意味で冠をかぶること、「服」は成人の服を着ることを表し、髪型を変えたり、名前を改めたりすることもあったと伝えられています。

明治以降は、断髪令で髪型も変わり、伝統文化の軽視もあって元服の礼は廃せられました。

戦後は20歳で行われる「成人の日」が制定されて、今日に至っています。

そんな中、まだ立志式の習わしが残っている地域もあります。

数えで15歳ですから、中学2年生（14歳）の2月頃に行うところが多いでしょうか。

昔は成人として扱われる年齢。

このときに、人の役に立てる人になることを決意していたのです。

国際的に見ても、豊かで安全な日本においては、衣食住が充実し、生理的欲求や安全の欲求は満たされています。

その上で、役に立ちたいという社会的欲求、認められたいという承認欲求が、私たちにはあります。

立志式は、どんなお役立ちをして、どのように認められる人になるのか、を考えることがこの年代に大事なことだということに気づかせてくれます。

また、夢に向かって取り組んでいると、その過程において様々な壁が立ちはだかります。

このときに、志があるかどうかで壁への向き合い方が変わります。

夢を実現して、必ず多くの人の役に立てる人になる。

その強い思いが、壁を乗り越える力になります。

このとき、親も一緒に夢や志について話をする機会になればいいですね。

講演会などの質疑応答の際に、こんな質問があります。

「こどもがYouTuberになると言っているんですが、それも受け入れたらいいのでしょうか?」

この質問の裏には、「YouTuberなんて」という感情があるんですね。
だからこのような質問になるわけです。
このとき私はこのようにお答えします。

「自分たちのこどもの頃は、テレビの中にいる野球選手や歌手、アイドルが憧れだったんです。だから野球選手になりたい、アイドルになりたいという願望を持っていました。いまこどもたちは何を見ていますか？　YouTubeなんです。だからYouTubeで発信している人に憧れを持っても不思議ではありません」

そう言うと、このように返ってきました。

「でもYouTuberはさすがに容認できない」と。

つまりYouTuberは認められないというのです。

ここでお伝えしたいことは、YouTuber が良いとか悪いとかということではないんです。

「YouTuber のように、〝たくさんの人を笑顔にできる人〟になったらいいね」

ということなんです。

「たくさんの人を笑顔にできる人」であれば YouTuber でなくてもいいということは、こどもたちもいずれわかります。

「たくさんの人を笑顔にする」という志を持てば、これからどんな生き方をしていけば良いかも見えてきます。

私もご多分に漏れず、プロ野球選手が夢でした。

でも今は、プロ野球選手になっていません。

ただ、プロ野球選手になりたいと思ったのは、プロ野球選手のように、自分のプレーで多くの人を喜ばせることができる人になりたいと思ったからです。

そして、今はどうかというと、講演や著書などを通して多くの人に影響を与えることができる仕事に就いています。

つまり、志は実現しているのです。

YouTuberでは生活が成り立たない。
ミュージシャンでは稼げない。
スポーツ選手は短命だ。

などと、こどもが夢を語った際に否定してしまうと、こどもは夢を持つことをやめてしまいます。

YouTuberのように、多くの人を喜ばせることができる人に。
ミュージシャンのように、かっこいい生き方を見せられる人に。
スポーツ選手のように、感動を与えられる人に。

このように志の部分に目を向けていきましょう。

最後に、この問いかけを贈ります。

あなたは、関わる人からどんなふうに思われる人間になりたいですか?

本書を読んで、少しでも実践してみようと思っていただけたなら、こんなに嬉しいことはありません。

最後になりますが、いつも笑顔で送り出してくれる妻、これまで親として多くの経験をさせてくれ、今なお慕ってくれる息子や娘の存在が、いつも背中を押してくれる原動力になっています。

そして、これまで何度もタッグを組ませていただいた、株式会社KADOKAWAの大野洋平さんには、本当に感謝しかありません。

新春の喜びとともに、自宅オフィスにて。

【著　者】
飯山晄朗（いいやま・じろう）
◎――メンタルコーチ
◎――銀座コーチングスクール認定プロフェッショナルコーチ。 JADA（日本能力開発分析）協会認定 SBT マスターコーチ。ブレインアナリスト協会コンテンツディレクター。
◎――富山県高岡市出身。石川県金沢市・東京代官山にオフィスを構え、全国で活動している。
◎――メンタルコーチを務める高木菜那選手が平昌五輪女子スピードスケートで日本女子史上初めて同一大会で２つの金メダルを獲得、競泳の小堀勇氣選手がリオデジャネイロ五輪 800m フリーリレーで 1964 年東京五輪以来 52 年ぶりとなる銅メダル獲得、名門野球部を復活させ、24 年ぶりの甲子園決勝へ導く、５大会連続甲子園出場など、その実績は数えきれない。
◎――主な著書に『いまどきの子のやる気に火をつけるメンタルトレーニング』（秀和システム）『勝者のゴールデンメンタル』『超メンタルアップ 10 秒習慣』（共に大和書房）などがある。
◎――お問い合わせ、ご相談は office@coach1.jp にどうぞ。

カバーデザイン	井上新八
本文デザイン・図版	荒井雅美(トモエキコウ)
イラスト	穂の湯
校正	鴎来堂
編集	大野洋平

こどものやり抜《ぬ》く力《ちから》と自己肯定感《じここうていかん》を一気《いっき》に高《たか》める
超《ちょう》メンタルコーチング BOOK

2023 年 3 月 30 日　初版発行
2024 年 4 月 30 日　再版発行

著　者	飯山晄朗《いいやまじろう》
発行者	山下直久
発　行	株式会社 KADOKAWA
	〒 102-8177　東京都千代田区富士見 2-13-3
	電話 0570-002-301（ナビダイヤル）
印刷所	TOPPAN株式会社

ISBN 978-4-04-606081-5 C0037